비탈리 콘스탄티노프 지음 · 이미화 옮김

세계의 문자
설형문자에서 이모티콘까지

지양사

Original Title Vitali Konstantinov: Es steht geschrieben
ⓒ 2019, Gerstenberg Verlag, Hildesheim, Germany
Korean Translation Copyright ⓒ 2020, Jiyangsa
This Korean Language Edition is published by arrangement with Gerstenberg Verlag Gmbh
through The Agency Sosa

이 책의 한국어판 저작권은 에이전시 소사를 통해
Gerstenberg Verlag Gmbh와 독점 계약한 도서출판 지양사에 있습니다.
저작권법에 의해 한국 내에서 보호를 받는 저작물이므로 무단전재와 무단복제를 금합니다.

지은이 **비탈리 콘스탄티노프**는 1963년 구소련의 오데사에서 태어났습니다.
현재 독일에서 프리랜서 삽화가, 만화가, 작가로 활동 중입니다.
독일의 여러 미술대학에서 일러스트, 만화, 회화 강사로 활동하였고,
2017년 레바논 아메리칸대학교에서 시각적 내러티브 분야의 객원 교수로 일했습니다.
또한 국내외에서 일러스트와 만화 강좌 및 워크숍을 진행하고 있습니다.
다수의 수상 경력과 국제 일러스트 전시회에 초대를 받은 그의 작품은 35개 나라에서 출판되었습니다.
더 자세한 정보는 웹사이트를 참고하시길 바랍니다. www.vitali-konstantinov.de

옮긴이 **이미화**는 경기대학교 독문과를 졸업하고,
같은 대학원에서 석사학위를 받았습니다.
현재 어린이와 청소년 책을 번역하고 있습니다.
『하수구에서 나온 천사 아차』, 『재미 뚝!』, 『아들에게 지혜를 주는 27가지 이야기』,
『아프리카에서 온 카멜레온 캄부의 모험』, 『암스트롱 우주탐험대』, 『영양만점 어린이 음식백과』,
『나는, 심각하다』, 『부엉이 탑』, 『마법의 나날들』을 우리말로 옮겼습니다.

세계의 문자

비탈리 콘스탄티노프 지음 · 이미화 옮김
펴낸곳: 도서출판 지양사 · 키드북 / 주소: 서울 마포구 월드컵북로 38가길 20, 102-1101
신고번호: 제1989-000049호 / 초판 발행일: 2020년 11월 25일 / 초판 2쇄: 2021년 11월 25일
전화: 02-324-6279 / 팩스: 02-6499-1552
e-mail: jiyangsa@daum.net ISBN: 978-89-8309-717-0 (47700) / 값 17,500원

*이 도서의 국립중앙도서관 출판사도서목록(CIP)은 서지정보유통지원시스템 홈페이지(http://seoji.nl.go.kr)와
국가자료공동목록시스템(http://www.nl.go.kr/kolisnet)에서 이용하실 수 있습니다.
(CIP제어번호: CIP2017029898)

차례

1 말하기 - 그리기 - 쓰기

문자 쓰기 • 10
코드화 • 11
여러 가지 문자 체계 • 12
소리 - 언어 • 14
쓰기의 시작 • 16
석기시대 - 혁명 • 18

2 세계 최초의 문자들

설형문자(쐐기문자) • 22
이집트 - 상형문자, 신관문자, 민중문자 • 24
동아시아 문자 체계들 - 중국 • 26
　　일본 • 28, 남중국의 소수민족들 • 29
중앙아메리카의 문자 체계들 • 30
도나우문자 / 유럽 청동기시대 • 32
히타이트어와 루비아어 / 미노스문자들 • 33
문자들(알파벳)의 탄생 • 34
히브리문자 • 36
그리스문자 • 37
라틴문자(로마자) • 38
룬문자 / 헝가리 로바쉬 문자 • 40
아일랜드 문자 - 독일문자 • 41
에티오피아문자 • 42
아랍문자 / 타나문자 • 43
인도의 문자들(인도) • 44
인도의 문자들(인도차이나) • 46
인도의 문자들(동남아시아 섬나라) • 48

3 문자의 창조자들

캅카스 문자들 • 52
슬라브 문자들 • 53
몽골문자들 • 54
한국 문자 - 한글 • 55
아디바시 문자들 • 56
산악 민족의 새로운 문자들 • 58
아프리카의 문자들 • 60
미크맥 상형문자 • 62
캐나다 원주민의 음절문자 • 63
체로키 음절문자 / 와-자-제 문자 • 64
오세아니아의 아보이울리 • 65
고대 페름 문자 안부르 / 뷔타쿠키에 • 66
인공 문자들 • 67
중간계 문자들 • 68
스타트렉 • 69

부록 • 71

1
말하기 - 그리기 - 쓰기

여러 가지 문자 체계

그림문자(픽토그램)

기호 1개 = 대상 1개

해골 　 올빼미 　 닻 　 심장

단어문자(표어문자)

뜻글자(표의문자)

기호 1개 = 생각/개념 1개

사랑 　 희망 　 지혜 　 죽음

고대와 현대 중국 문자

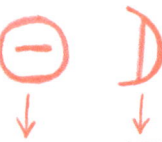  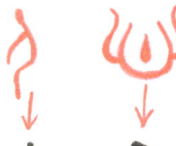

日 月 人 心 錨 梟
해 달 인간 마음 닻 올빼미

고대 문자 체계에서 한정사는 읽히지 않고 좀 더 정확한 의미만 가리킨다.
고대 이집트의 상형문자에서 한정사는 생각이나 감정과 관련된 활동을 나타낸다.

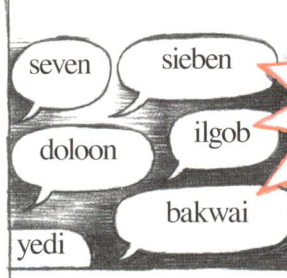

Mr r w t = 사랑

현대에 통용되는 단어문자

단어문자는 인류에게 널리 쓰이는 문자 체계가 될 수 있을 것이오.

여보, 정말 멋진 생각이에요!

클레어 블리스

뜻글자를 정확히 이해하려면 각 문자의 의미를 배워야 한다. 그것은 숫자와 비슷하다.
뜻은 같지만 언어에 따라 기호를 다르게 읽는다.

얼마 지나지 않아 개별 기호로는 더 이상 충분하지 않아서, 사람들은 더 많은 뜻을 만들기 위해 개별 기호들을 결합하기 시작했다.

愛 사랑 : 爪 발톱, ᅩ 지붕, 心 마음, 夂 발자국

사랑

『옥스퍼드 영어사전』은 2011년 ♥ 기호를 수록하였고, 심지어 2015년에는 이모티콘을 그해의 단어로 선정했다.

호주의 찰스 K. 블리스Charles K. Bliss(1897년-1985년)는 보편적 시각 기호인 '국제 시멘토 그래피'를 만들었지만 거의 보급되지 못했다.

감정 　 행복 　 슬프다 　 웃다

입 　 귀 　 언어 　 번역

이모티콘이 일본 밖에서도 통할 것이라고 생각해 본 적이 없어요.

시게타카 쿠리타Shigetaka Kurita : 이모티콘 개발자

내가 단어라고? 정말 웃긴다!

그럼 난?

올해의 단어

소리글자(표음문자)

단어문자 역시 의사소통을 하는 데 충분하지 않았다.
사람들은 단어문자를 그림 수수께끼처럼
소리에 따라 결합하기 시작했다.
예를 들어, 올빼미를 나타내는 이집트 상형문자는 'm' 소리로 표기된다.

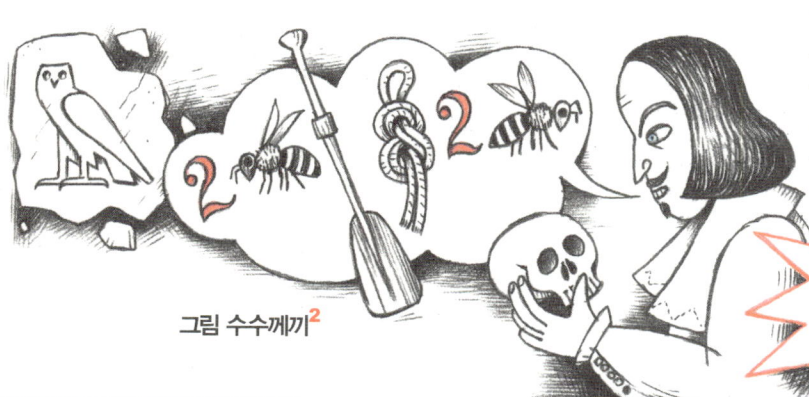

그림 수수께끼[2]

외국어 이름을 표기하기 위해 중국인들은 비슷한 발음을 가진 한자를 사용한다.

중국인들은 내 이름 비탈리Vitali를 維達利(Wéi-dá-lì)라고 쓰죠. 각각의 문자 의미는 '매다', '달성하다', '이익'이라는 뜻입니다. '커다란 가짜 배'라는 뜻의 僞大梨(Wěi-dà-lí)라고 쓰면 기분이 별로일 거예요.

단어문자가 소리글자가 되다니!

음절문자

음절문자는 하나의 글자가 한 음절을 표기한다.
두 가지 표기 방식이 있는 일본어도 음절문자이다.

かきくけこ
ka ki ku ke ko

아부기다는 하나의 글자가 한 음절을 나타낸다는 점에서 음절문자와 비슷하다. 모음의 음가는 기본 글자에 부가 기호가 더해지거나 변화를 통해서 표현된다.

에티오피아문자
ካ ኪ ኩ ኬ ኮ
ka ki ku ke ko

인도문자
क कि कु के को
ka ki ku ke ko

자음문자(압자드)

자음문자는 모음이 문법적 기능을 담당하는 언어에서 주로 만들어졌다.
셈어와 같은 다수의 언어들에서 모음은 뜻을 이해하는 데 영향을 거의 주지 않는다.
역사적으로 자음문자는 그런 언어를 위해서 만들어졌다.

Alif! Alef!

음소문자(알파벳)

알파벳은 하나의 기호가 하나의 소리를 나타내는 이상적인 문자다.
모음과 자음은 대등한 가치를 지닌 고유의 기호로 표시된다.
그러나 역사 발전을 거치면서
가장 효율적이면서 성공적인 이 문자 체계는
하나의 기호가 하나의 소리를 나타내는
일관성을 잃어버렸다.
많은 언어들이 알파벳을 사용하지만,
알파벳은 그 언어들을 위해
만들어진 것은 아니었다.

식민 통치국들은 라틴문자를 아프리카로 가져왔어. 하지만 그것은 우리말과 전혀 맞지 않았지.

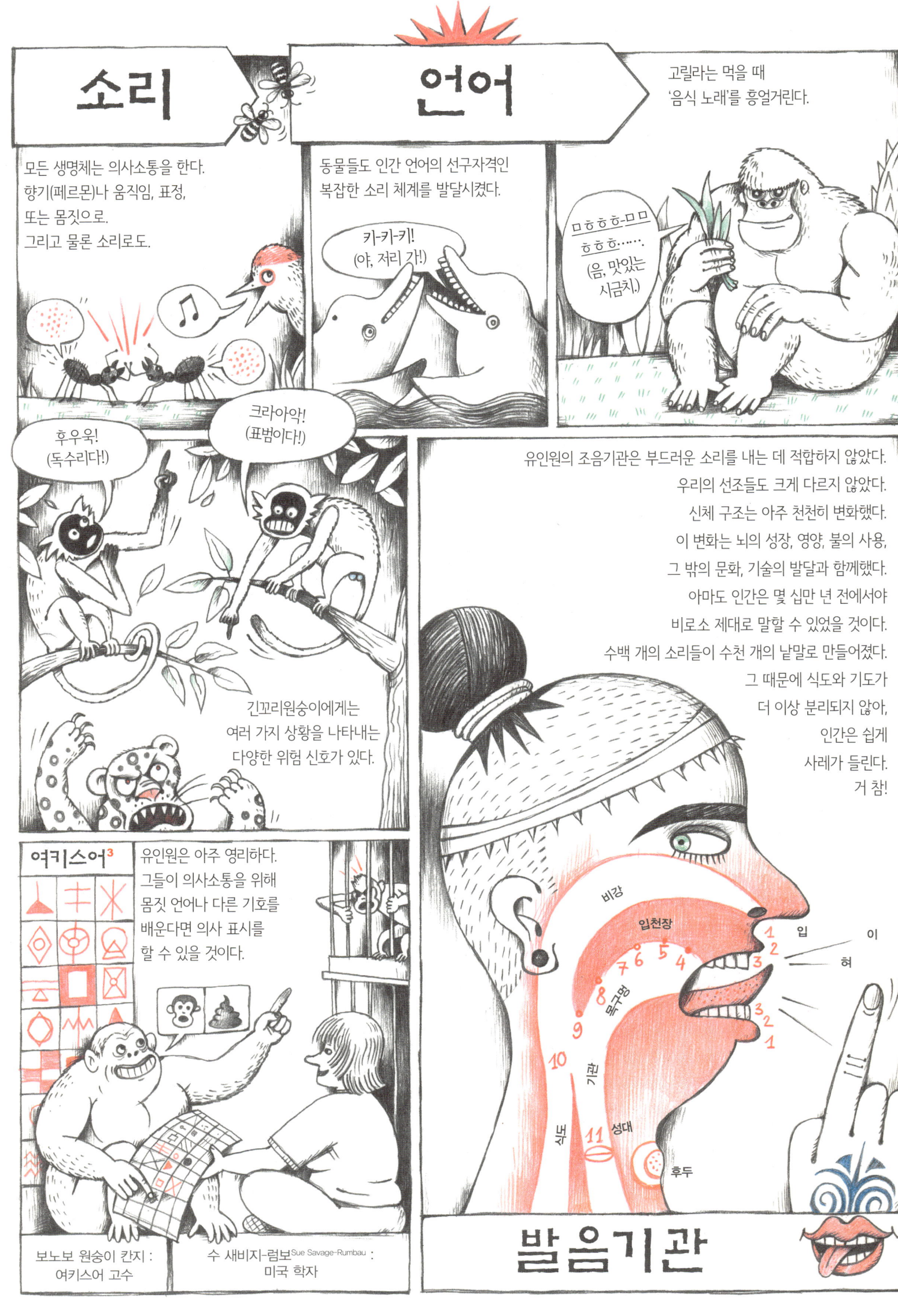

오늘날 전 세계에는 7,000개 이상의 언어가 있다.

영원히 안녕, 내 사랑![5]
(Addio per sempre, amore!)

코이산어(남아프리카)에는 약 160개의 소리가 있고, 그중에 흡착음(역주: 들이쉬는 숨에 의해 발음되는 소리)이 약 80개 있다

저기, 스프링북이다![6]
(kàŋ!ám kā ǁūm)

해변은 어디 있나요?[4]
(Ovu-ia avakava?)

로토카스어(오세아니아)에는 12개의 소리만 있다.

이탈리아어(유럽): 32개의 소리

사멸된 우비흐어(캅카스)에는 82개의 소리가 있었다.

모음은 발음기관의 방해를 받지 않고 성대의 진동으로 나는 소리다. 자음은 발음기관의 구강 통로가 좁아지거나 완전히 막히는 등, 방해를 받으며 나오는 소리다. 흡착음, 전동음, 후두음 등도 있다.

성조

일부 아시아어, 아프리카어, 아메리카어에는 성조가 있다. 모음이 높게, 낮게, 올라가고, 내려가고, 내려갔다가 올라가고 등등으로 소리가 난다.

娃 wá - 아이
襪 wà - 양말
蛙 wā - 개구리
瓦 wǎ - 기와

소리 체계는 복잡하고 다양해서 언어마다 다르다. 소리 체계를 정확히 표현하는 것은 쉽지 않다. 어떤 문자 체계에서도 하나의 기호가 정확히 하나의 소리와 일치하지 않는다. 특별한 음성기호(IPA)의 경우는 예외이다. 국제음성기호는 단어의 발음을 분명하게 하기 위해 개발되었다.

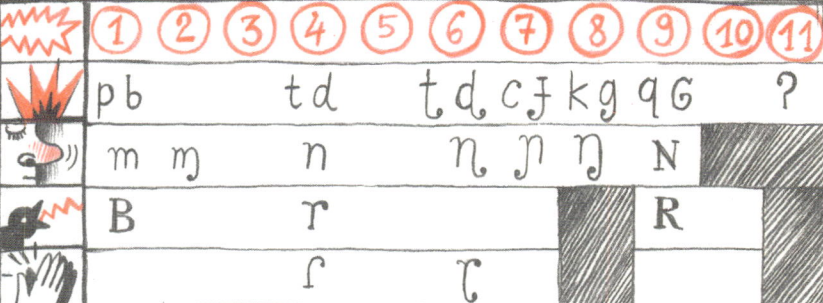

국제음성기호(IPA)

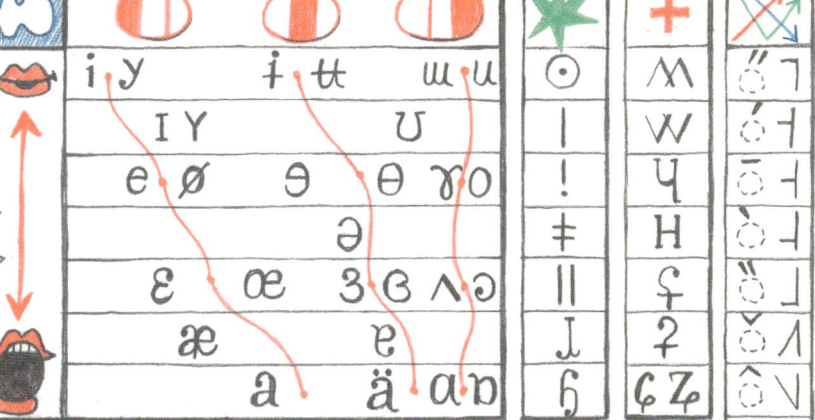

www.internationalphoneticalphabet.org/ipa-sounds

15

쓰기의 시작

약 500,000년 전에……

인류의 직계 조상인 원인猿人 호모 에렉투스는

이미 도구를 사용하고 그림을 그렸다. 고고학자들은 호모 에렉투스의 주거지에서 장식용 조개껍데기들을 발견했는데, 아마 이것이 인류 최초의 그림일 것이다.

약 70,000년 전에 최초의 조형 그림들과 작은 조각품들, 돌과 뼈에 새긴 무늬들이 등장했다.

약 40,000년 전에 사람들은 이미 다양한 색채로 동굴에 그림을 그렸다.
동굴 벽화에서 문자로 추측되는 신비한 기호들이 발견되었는데, 우리가 그 언어를 이해할 수 없다는 것이 문제이다.

스페인 라 파시에가 동굴에서 발견한 '비문'

우리는 석기시대를 정확히 알 수 없다. 다만 최근까지도 비슷한 생활을 영위해 온 여러 소수민족들에게서 그 모습을 유추할 수 있다.

부건빌 섬의 꽃 편지

물어본다 -
온다 -
사랑한다

부건빌섬에는 꽃과 나뭇잎으로 소식을 전하는 풍습이 있었다.
이것은 같은 소리가 나는 단어를 뜻했는데, 그림 수수께끼 원리를 이용한 것이다.
비슷한 사례가 남중국에도 있었다.

바누아투의 모래 그림

옛날에 대머리 남자 한 사람이 살았단다.

뉴기니 / 부건빌섬 / 솔로몬 제도 / 바누아투 / 누칼레도니아섬 / 오스트레일리아 / 태평양

바누아투의 원주민들은 이야기를 할 때 모래 위에 격자무늬의 그림을 그렸다.
이 그림은 이야기를 기억하는 데 도움이 되었다.

자작나무 껍질 위에 쓴 사랑의 인사

시베리아와 북아메리카의 문자가 없는 민족들은
자작나무 껍질, 나무 조각 또는 가죽에 기호로 된 편지를 적어 보냈다.
예를 들어 곰 씨족의 오지브와족 소녀는 자작나무 껍질에 편지를 써서
도롱뇽 씨족의 청년을 집으로 초대했다.

시베리아에 사는 유카기르족 여인들은 연애편지를 쓸 때
사용하는 고유한 문자 체계를 가지고 있었다.

케키노윈/왈람 올룸

북아메리카의 원주민들은 문자가 없었지만,
중요한 사실들을 보존하려고 이야기를 주술처럼 노래로 만들었다.
나무에 새긴 기호들은 기억을 도와주는 데 이용되었다.
그림문자인 각각의 기호(오지브와족의 케키노윈, 델라웨어족의 왈람 올룸)
들은 하나의 완전한 구절을 의미했다.
이것은 그림 기억술, 즉 쓰기의 시초이다.

타마넨드 Tamanend 추장

윌리엄 펜 William Penn

Nah-ne-bah o-sa aun neen-no?

1683

1683년 영국인들과 펜실베이니아 건설에 관한
조약을 체결할 때 델라웨어족은 진주 허리띠 하나로 만족했다.

예수께서 너희들을 고통에서 구원하고자 오셨노라!

아주 흥미로운 내용이군. 우리는 저 책이 필요해!

1900년경 알래스카

헤른후트파의 선교사들이 유피크족을 찾아왔다.

주술사 유야코크 Uyakoq는 성경 이야기를 '기록'하기 위해 문자를 만들었다.

2
세계 최초의 문자들

이따금 상형문자는 뜻을 나타내는 한정사로만 사용되었고, 소릿값을 가지지 않아 함께 읽히지는 않았다. 예를 들면 이런 식이다.

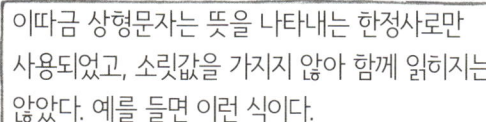

상형문자 집단 :
남자 + 여자
+ 다수를 나타내는 문자
= 사람들

신관문자는 파피루스 종이 위에 상형문자를 빠르게 흘려쓰면서 생겨났다.

 → 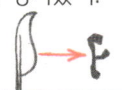 →

단순화된 민중문자는 기원전 7세기에 생겼고, 일상생활에서 사용되었다.
약 270개의 기호가 있었지만 개별 소리에 대한 기호들이 특히 사랑받았다.

자, 여기 당신 영수증이오.

이집트인들이 지배를 당하면서 그리스어가 고대 이집트문자 체계를 대체하자, 이후 고대 이집트문자 체계는 기억 속에서 사라졌다. 마지막 민중문자는 452년의 것이다.

민중문자

이것은 무엇이냐?[8]

로제타석은 1799년 나폴레옹의 이집트 원정 당시 프랑스 군인들이 발견했다.

어, 이 조각은 뭐지?

잠깐만! 이 조각은 아주 오래된 거야! 그리고 이 비문은 세 가지 언어로 쓰였어. 맨 아래는 그리스어가 틀림없어.

맹세코 내가 이 수수께끼를 풀고야 말겠어. 고대 이집트어는 오늘날의 콥트어와 비슷했을까?

장 프랑수아 샹폴리옹 Jean-François Champollion(1790년-1832년) : 천재 언어학자

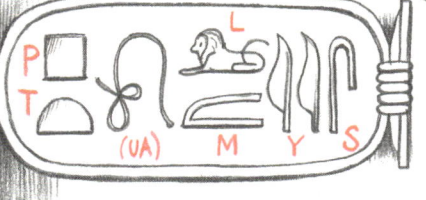

그리스어로 된 글에 프톨레마이오스왕의 이름이 쓰여 있었다.
프톨레마이오스는 그리스 왕이었다.
또한 클레오파트라여왕의 이름도 있었다.
돌파구가 열렸다!
샹폴리옹은 이 문자들을 서로 대조하여 이집트 상형문자를 해독할 열쇠를 발견했다.
먼저 람세스왕의 이름을 밝혀 냈다.
그 이름은 태양(=Ra)을 뜻하는 상형문자와 음성기호로 이루어져 있었다.
그 후 고대 이집트 상형문자는 하나씩 해독되었다.

계속해서 학자들은 기억에서 사라진 언어를 해독하는 데 성공했다.
알란 가디너 경 Sir Alan Gardiner(1879년-1963년)은 가장 중요한 763개의 상형문자 목록을 작성하였다.
이 목록이 유니코드 버전의 토대가 되었다.
지금까지 1,071개의 고대 이집트 기호들이 코드화되어 컴퓨터에서 사용 가능하게 되었다.

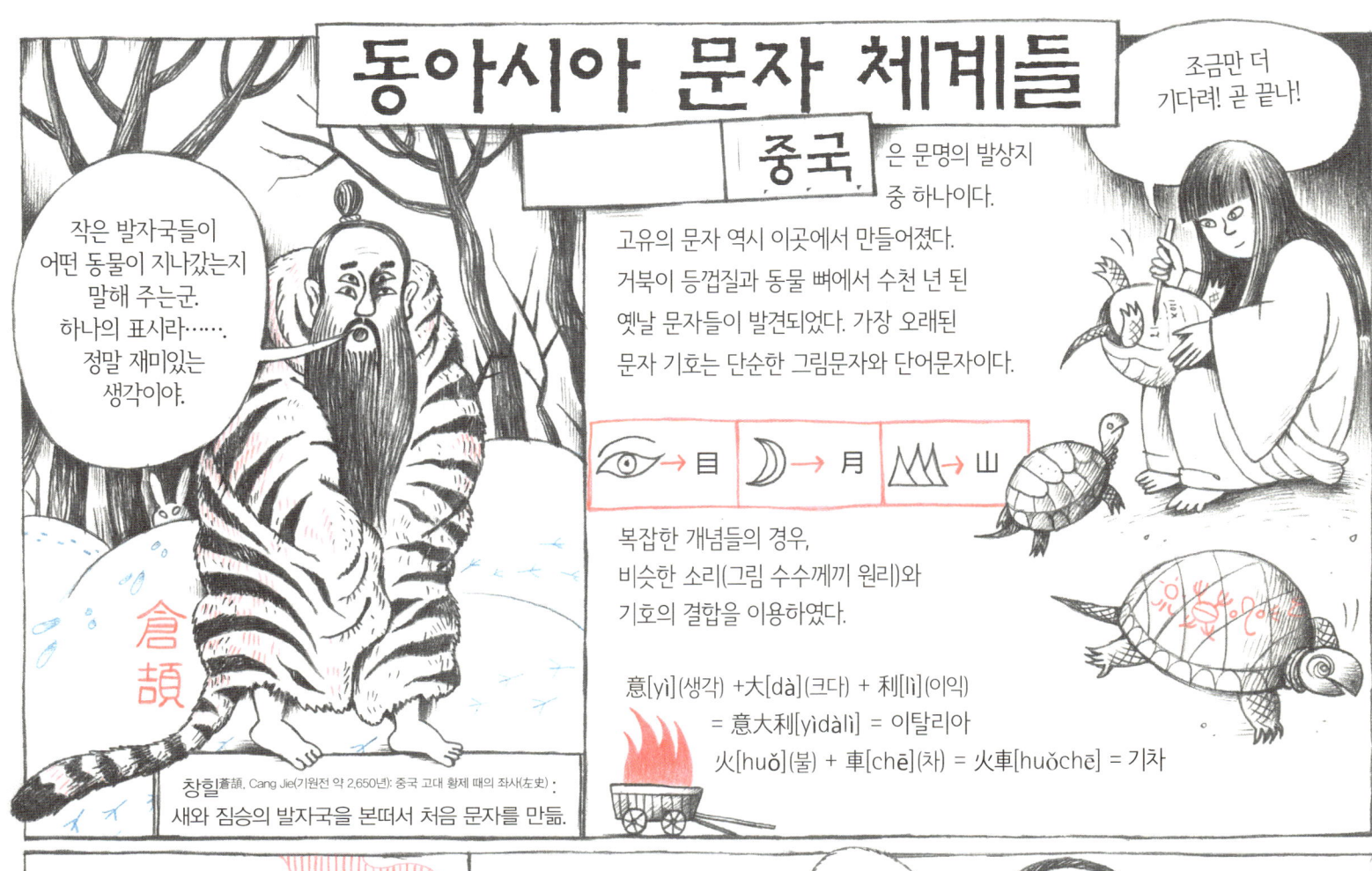

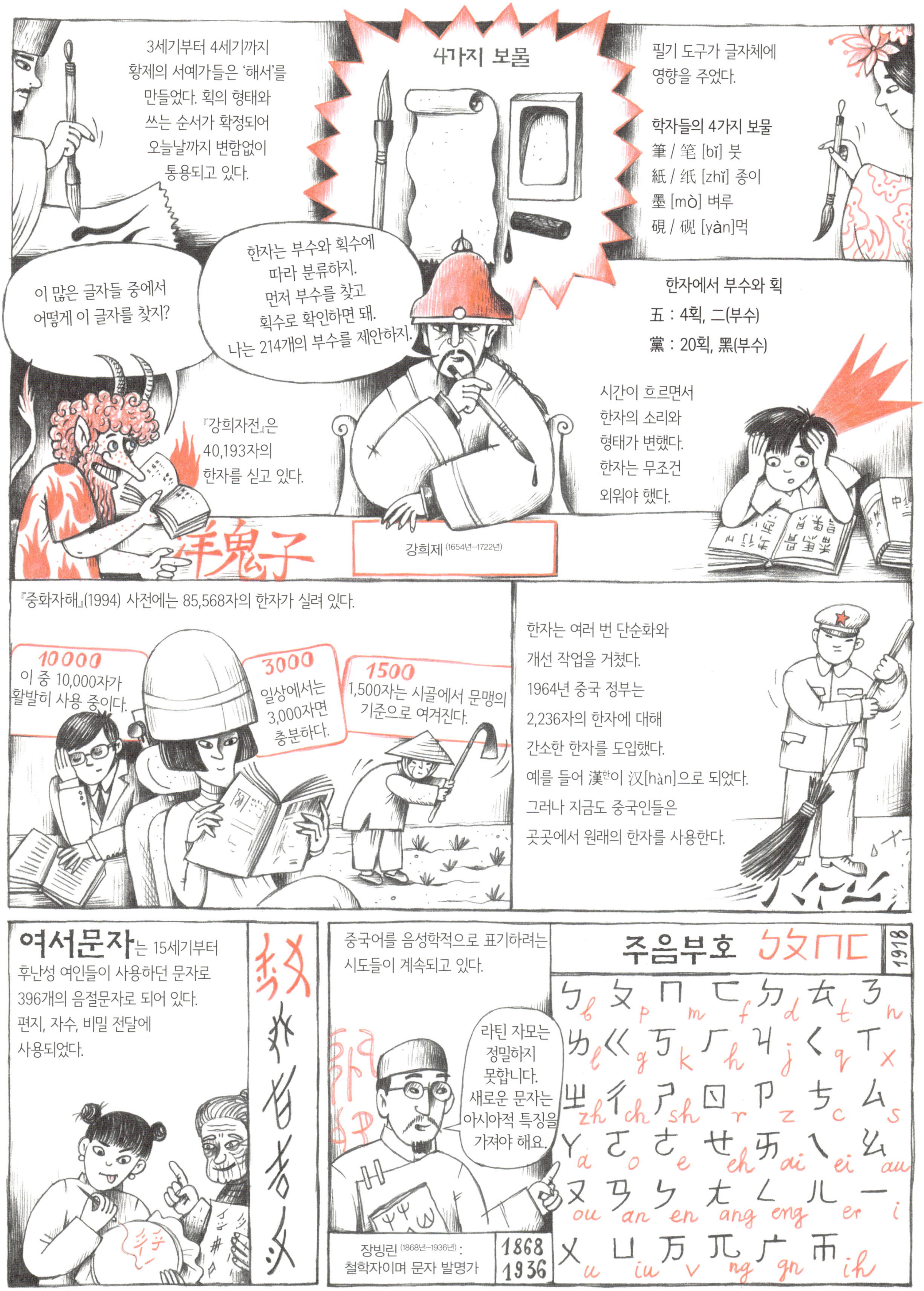

3세기부터 4세기까지 황제의 서예가들은 '해서'를 만들었다. 획의 형태와 쓰는 순서가 확정되어 오늘날까지 변함없이 통용되고 있다.

4가지 보물

필기 도구가 글자체에 영향을 주었다.

학자들의 4가지 보물
筆 / 笔 [bǐ] 붓
紙 / 纸 [zhǐ] 종이
墨 [mò] 벼루
硯 / 砚 [yàn] 먹

이 많은 글자들 중에서 어떻게 이 글자를 찾지?

한자는 부수와 획수에 따라 분류하지. 먼저 부수를 찾고 획수로 확인하면 돼. 나는 214개의 부수를 제안하지.

한자에서 부수와 획
五 : 4획, 二(부수)
黨 : 20획, 黑(부수)

『강희자전』은 40,193자의 한자를 싣고 있다.

강희제 (1654년-1722년)

시간이 흐르면서 한자의 소리와 형태가 변했다. 한자는 무조건 외워야 했다.

『중화자해』(1994) 사전에는 85,568자의 한자가 실려 있다.

10000 이 중 10,000자가 활발히 사용 중이다.

3000 일상에서는 3,000자면 충분하다.

1500 1,500자는 시골에서 문맹의 기준으로 여겨진다.

한자는 여러 번 단순화와 개선 작업을 거쳤다.
1964년 중국 정부는 2,236자의 한자에 대해 간소한 한자를 도입했다.
예를 들어 漢한이 汉[hàn]으로 되었다.
그러나 지금도 중국인들은 곳곳에서 원래의 한자를 사용한다.

여서문자는 15세기부터 후난성 여인들이 사용하던 문자로 396개의 음절문자로 되어 있다. 편지, 자수, 비밀 전달에 사용되었다.

중국어를 음성학적으로 표기하려는 시도들이 계속되고 있다.

라틴 자모는 정밀하지 못합니다. 새로운 문자는 아시아적 특징을 가져야 해요.

장빙린 (1868년-1936년) : 철학자이며 문자 발명가
1868 1936

주음부호 ㄅㄆㄇㄈ 1918

27

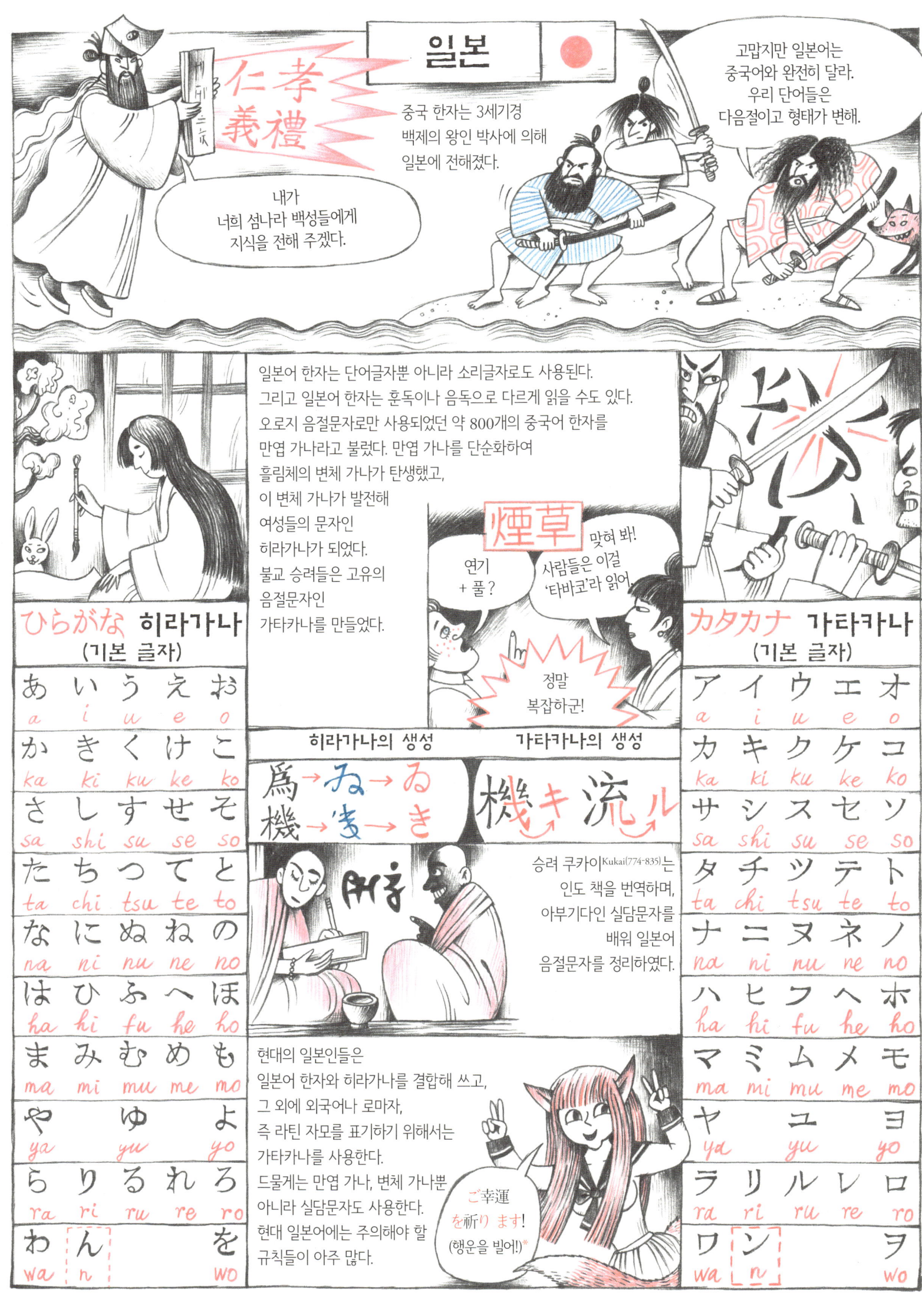

남중국의 소수민족들

수많은 민족과 부족들이 티베트-버마어, 타이-기타 언어 등을 사용하며 자신들의 문화를 보존해 왔지만, 대략 2,000년 전부터 중국의 정치적, 문화적 영향을 받고 있다.

좕족 : 방괴장자

타이족인 좕족은 한자를 변형시키고 새롭게 결합하여 고유의 문자 체계를 만들었다.

단어문자 : 챰(mbog) - 시냇물 : 水(물) + 口(입)
소리글자 : 븐(bya)-산 : 山(산)+ 巴(bā 중국어로 '바라다'를 뜻하는 소리글자)
원래의 좕족 그림문자 : 나비 ⱺℓ - 목발 丬

나시족 : 동파 문자와 가파 문자

나시 문자는 그림 기억술과 음절문자의 결합으로, 티베트의 토착 종교인 뵌교에서 발생한 동파교의 승려들이 사용한다.

이족의 음절문자

이족은 30개의 티베트-버마족으로 구성되어 있다.

현대의 이족 문자는 1,165개의 음절문자이며 1974년에 도입되었다.

이소족의 그림문자(11세기)

수이족의 음절문자

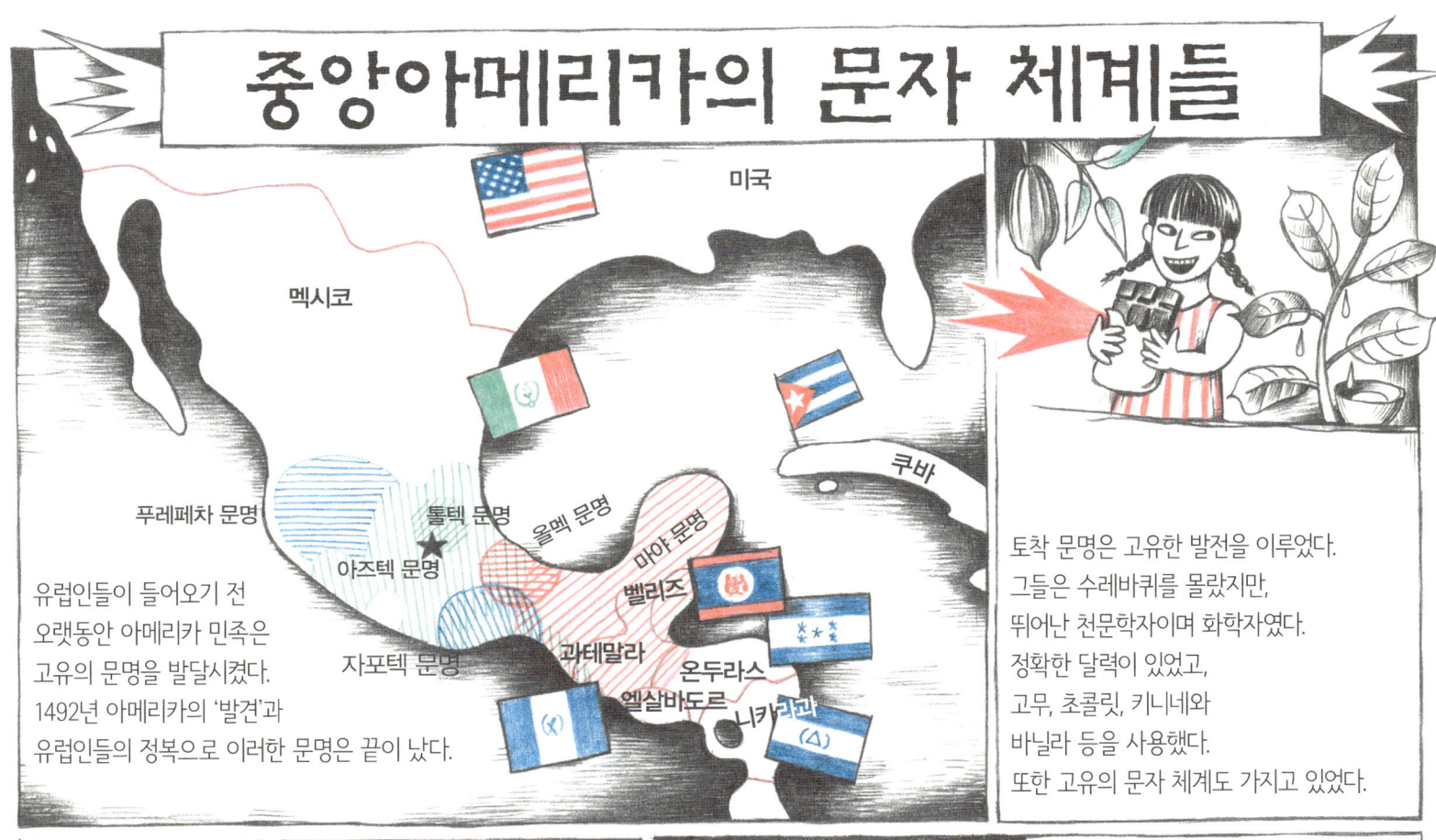

히타이트어와 루비아어

19세기에 고고학자들은 히타이트 제국의 수도였던 하투샤의 폐허를 발견했다.
이곳에서 쐐기문자 판을 다수 발굴했다.
문자 기호는 이미 알려져 있었지만 읽을 수는 없었다.
같은 계열의 루비아어를 표기하는 데 사람들은 쐐기문자와 고유의 상형문자를 사용했다.

"이건 인도유럽어야! 여기에 'WATAR-MA'라 쓰여 있는데, 이건 분명 '물'이라는 뜻이야."

베드르지흐 흐로즈니[9] (1879년-1952년)

나 / 도시 / 나라 / 왕
가다 / 사랑하다
사슴 / 양

미노스문자들

미노스-미케네의 고대 문명 기원전 3200년-기원전 1050년은 크레타섬에서 발전하였다.
1900년에 이 문명의 발견은 큰 화젯거리였다.
크노소스에서 건물과 프레스코 벽화의 '복원'이 예술적으로 널리 행해졌다.

"작은 얼룩뿐이에요. 자, 한번 보시죠!"
"와! 멋지네요. 틀림없이 잘 팔리겠어요. 계속 해 주세요!"

폐허가 된 크노소스궁전에서 세 가지 문자 체계로 쓰인 수천 개의 점토판들을 발굴했다.

에밀 질리에롱(1851년-1924년)[10]
아더 에반스(1851년-1941년)[11]

미노스의 단어문자

선 문자 A (해독되지 않은 사례)

선 문자 B (1952년 해독됨)

키프로스 음절문자 (기원전 11세기-기원전 3세기)

당시 고고학자들은 명성을 위해 경쟁했어요.
루이지 페르니에르 Luise Pernier(1874년-1937년)는 1908년 파이스토스 원반을 발견했지요.
그 유물은 다른 유물과 달리 아주 신비했지만, 현대 과학으로도 그 의미를 밝혀 내지 못하고 있어요.

 # ΕΛΛΗΝΙΚΟ ΑΛΦΑΒΗΤΟ / 그리스문자

제우스가 페니키아의 아름다운 공주 에우로페를 납치해 가자, 그녀의 오빠 카드모스가 제우스를 뒤쫓아갔다.
"살려 주세요!" 에우로페
제우스

"내가 여동생을 구해 오겠어!"
카드모스

카드모스는 여행 중 수많은 모험을 하게 된다.
용 드라코스

카드모스는 도시를 건설하고, 신의 딸 하르모니아와 결혼했으며, 그리스인들에게 쓰기를 가르쳤다.
Schin!
Ssine?

이 신화가 사실인지 누가 알겠는가! 하지만 실제로 그리스인들은 기원전 약 1,000년경에 페니키아문자를 사용했다. 처음에는 F(디감마), ㅏ(헤타), ϙ(코파), ϡ(삼피) 등 그리스어에 전혀 필요하지 않은 글자까지 받아들였다. 수백 년이 흐르는 동안 말도 많이 변했다. 그래서 고대 그리스어의 베타(=b)는 신그리스어에서 비타(=v)가 되었고, 'b' 소리를 위해 오늘날은 μπ를 쓴다.

ΑΠΟΨΕ ΚΑΝΕΙΣ ΜΠΑΜ...
ΕΛΑ! ΕΛΑ!
레베티코 Rebetiko : 그리스 음악. 인류무형문화유산[13]

Αα	A	알파	Νν	N	니
Ββ	V(B)	비타	Ξξ	X	크시
Γγ	G	감마	Οο	O	오미크론
Δδ	D	델타	Ππ	P	피
Εε	E	엡실론	Ρρ	R	로
Ζζ	Z	지타	Σσ	S	시그마
Ηη	i	이타	Ττ	T	타프
Θθ	Th	티타	Υυ	Y(U)	입실론
Ιι	i	요타	Φφ	F	피
Κκ	K	카파	Χχ	Ch	히
Λλ	L	람다	Ψψ	Ps	프시
Μμ	M	미	Ωω	O	오메가

콥트문자와 누비아 문자

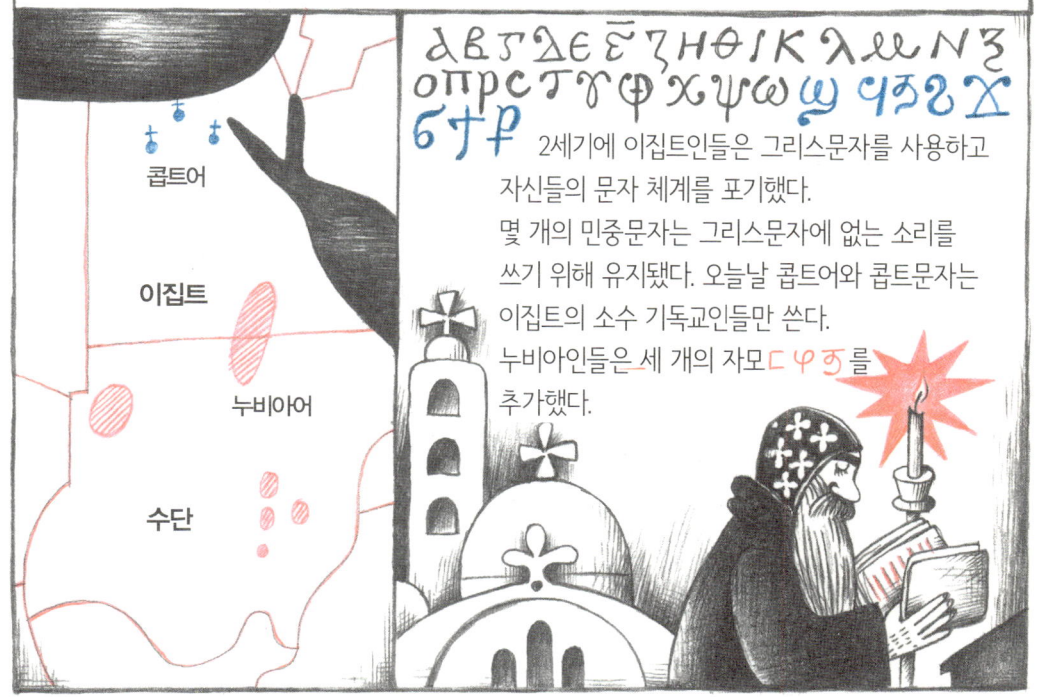

ⲁⲃⲅⲇⲉⲉ̄ⲍⲏⲑⲓⲕⲗⲙⲛ ⲟⲡⲣⲥⲧⲩⲫⲭⲯⲱ ϣ ϥ ϩ ϫ
ⲋ ϯ ⳁ

2세기에 이집트인들은 그리스문자를 사용하고 자신들의 문자 체계를 포기했다. 몇 개의 민중문자는 그리스문자에 없는 소리를 쓰기 위해 유지됐다. 오늘날 콥트어와 콥트문자는 이집트의 소수 기독교인들만 쓴다. 누비아인들은 세 개의 자모 ⳁ ϣ ϩ를 추가했다.

콥트어 / 이집트 / 누비아어 / 수단

37

라틴문자(로마자)

페니키아인과 그리스인은 배를 타고 이탈리아 해안에 상륙하여 그곳에 사는 민족들과 활발히 교류했고, 자신들의 문자도 전했다. 기원전 700년경에 이탈리아 북부에 사는 에트루리아인들은 림노스섬의 문자와 비슷한 고유 문자를 만들었다.

라틴문자를 '창조'한 로마 여신 카르멘타

그리스문자 몇 개를 흉내 냈을 뿐인데 여신이라고 하다니?

에트루리아 문자

A	C	Ǝ	ꓘ	I		B
a	c	e	v	z		h
⊗		K	ꓶ	ꟽ	Ͷ	ꓱ
th	i	k	l	m	n
ꓶ	M	Ο	ꟼ	⩑	T
p	ś	q	r	s	t
Y	X	Φ	Ψ	8	
u	s	ph	ch	f	

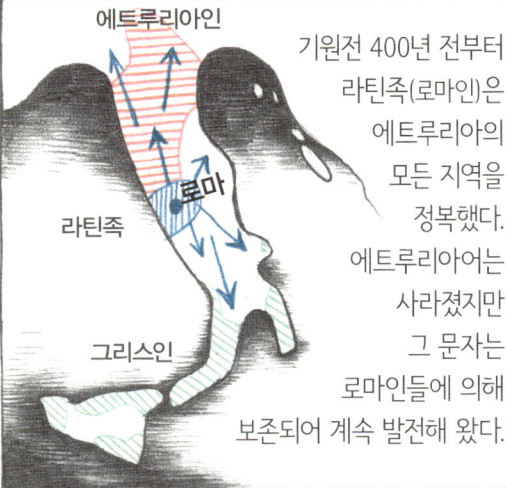

기원전 400년 전부터 라틴족(로마인)은 에트루리아의 모든 지역을 정복했다. 에트루리아어는 사라졌지만 그 문자는 로마인들에 의해 보존되어 계속 발전해 왔다.

멋있지? 내가 여행 중에 사온 선물이야. 이건 진짜야!

1849년 빈의 한 공무원이 이집트에서 미라를 샀다.

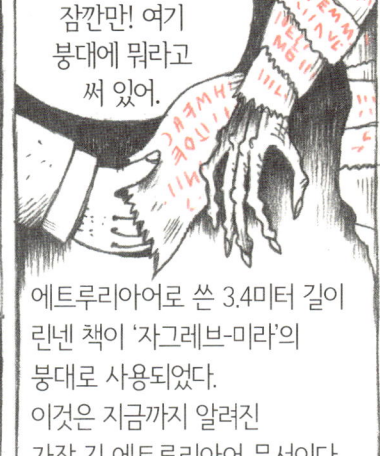

잠깐만! 여기 붕대에 뭐라고 써 있어.

에트루리아어로 쓴 3.4미터 길이 린넨 책이 '자그레브-미라'의 붕대로 사용되었다. 이것은 지금까지 알려진 가장 긴 에트루리아어 문서이다.

라틴문자에는 처음에 21개 자모만 있었다. 필경사인 스푸리우스 카르빌리우스 루가 Spurius Carvilius Ruga가 기원전 230년경에 'G'를 만들기 전까지, [k]와 [g] 소리를 위해 'C'를 사용하였다.

이런! 아무도 내 이름을 제대로 읽지 못하다니! 추가 자모가 하나 더 필요해!

에트루리아인들은 그리스어 Y에서 V를 만들었다. 나중에 로마인들은 그리스어에서 Y와 Z를 새로 차용했다. 처음에는 V를 V, U 또는 W처럼 읽었다. 16세기에 들어와서야 U와 J가, 그리고 좀 더 나중에 W(=V+V)가 추가되었다.

로마인들이여! 이제 내가 너희들에게 부족한 자모 Ↄ, Ⅎ, Ⱶ를 주겠노라!

폐하! 죄송합니다만, 그 글자는 좀 이상합니다……

저럴 줄 알았어.

클라우디우스 Clavdivs

VERBA VOLANT SCRIPTA MANENT
말은 사라지고, 글은 남는다

로마의 석공들이 새긴 화려한 글자체는 가장 많이 보급된 라틴문자체(로마체)의 시작이 되었다.

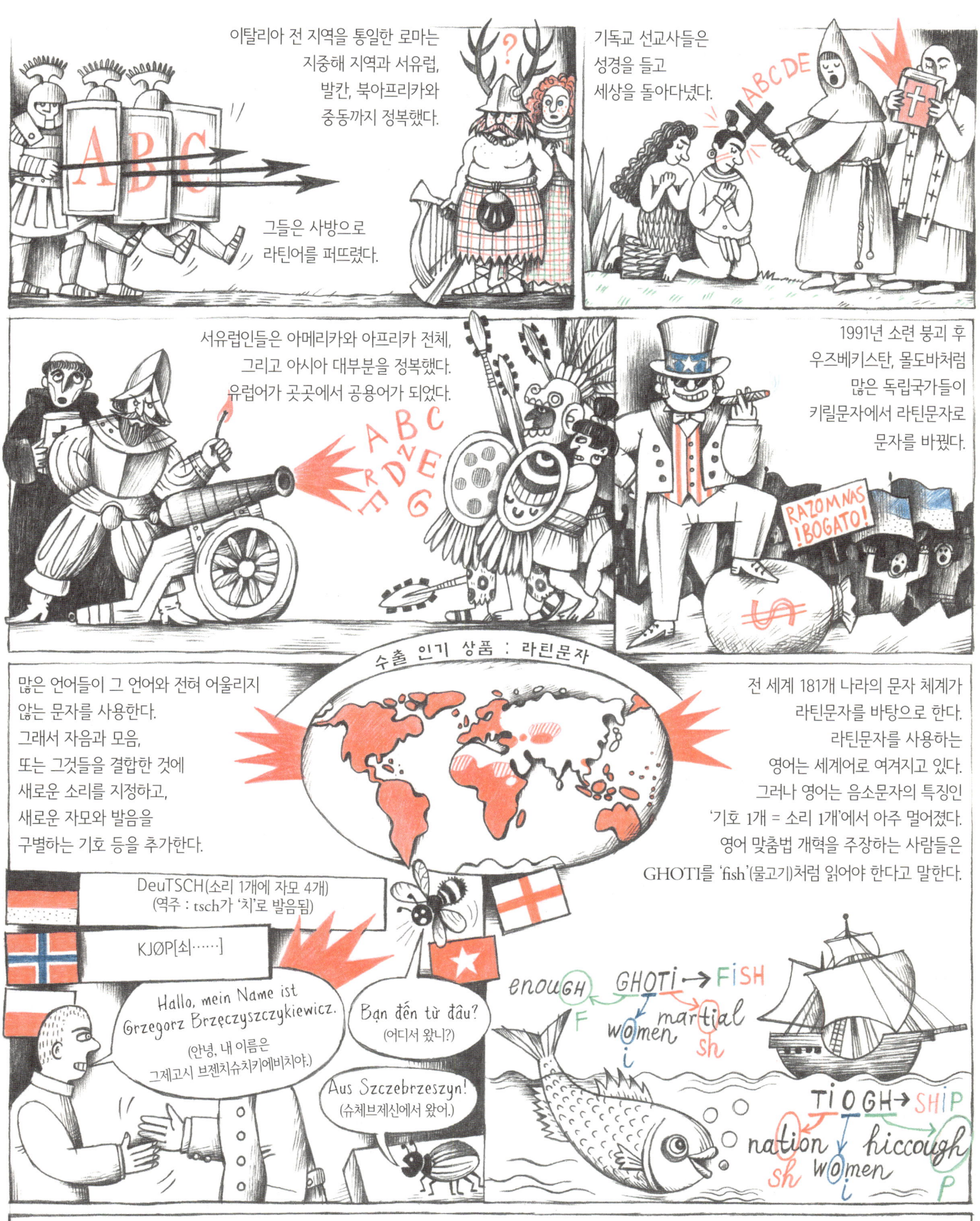

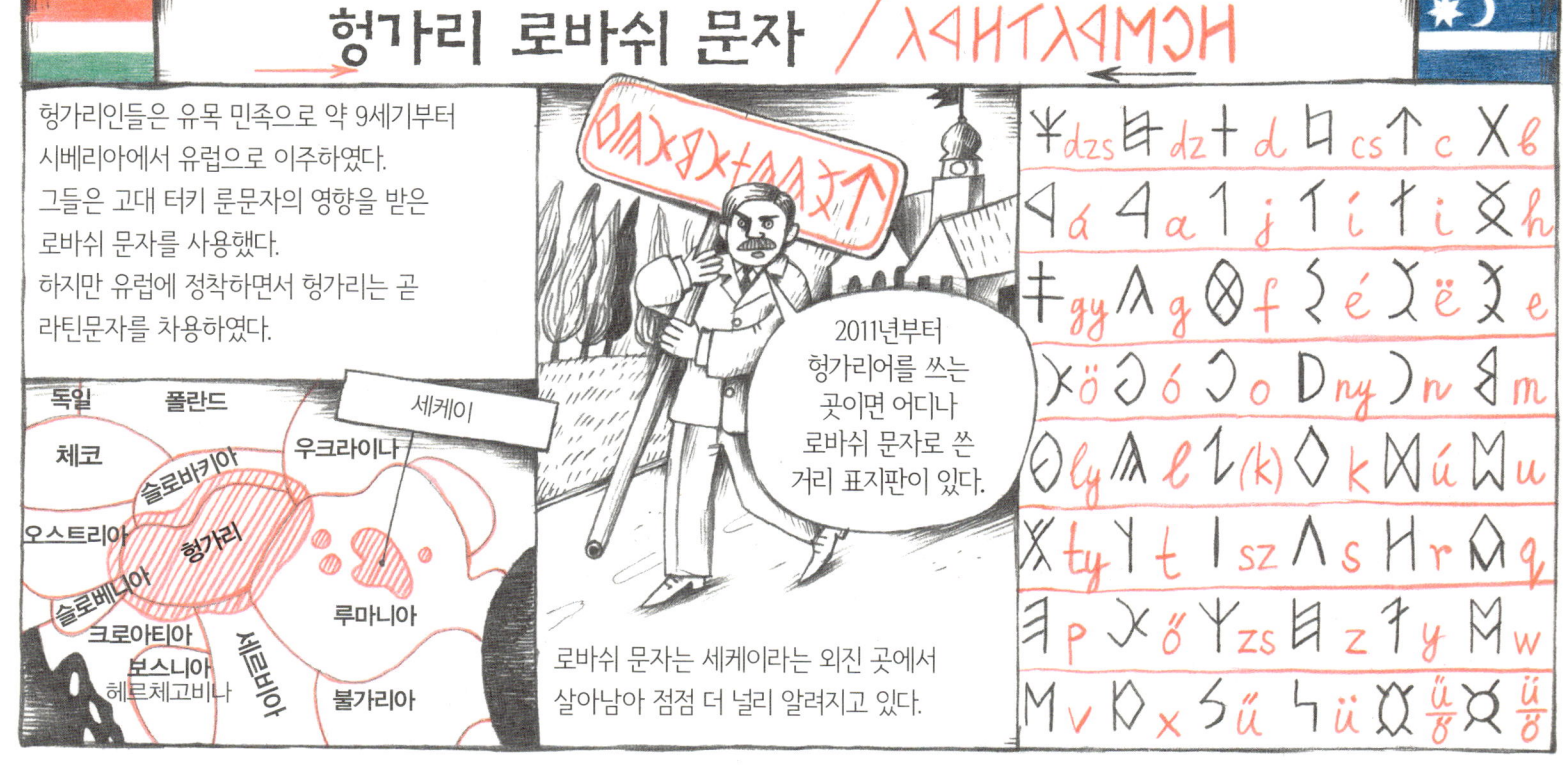

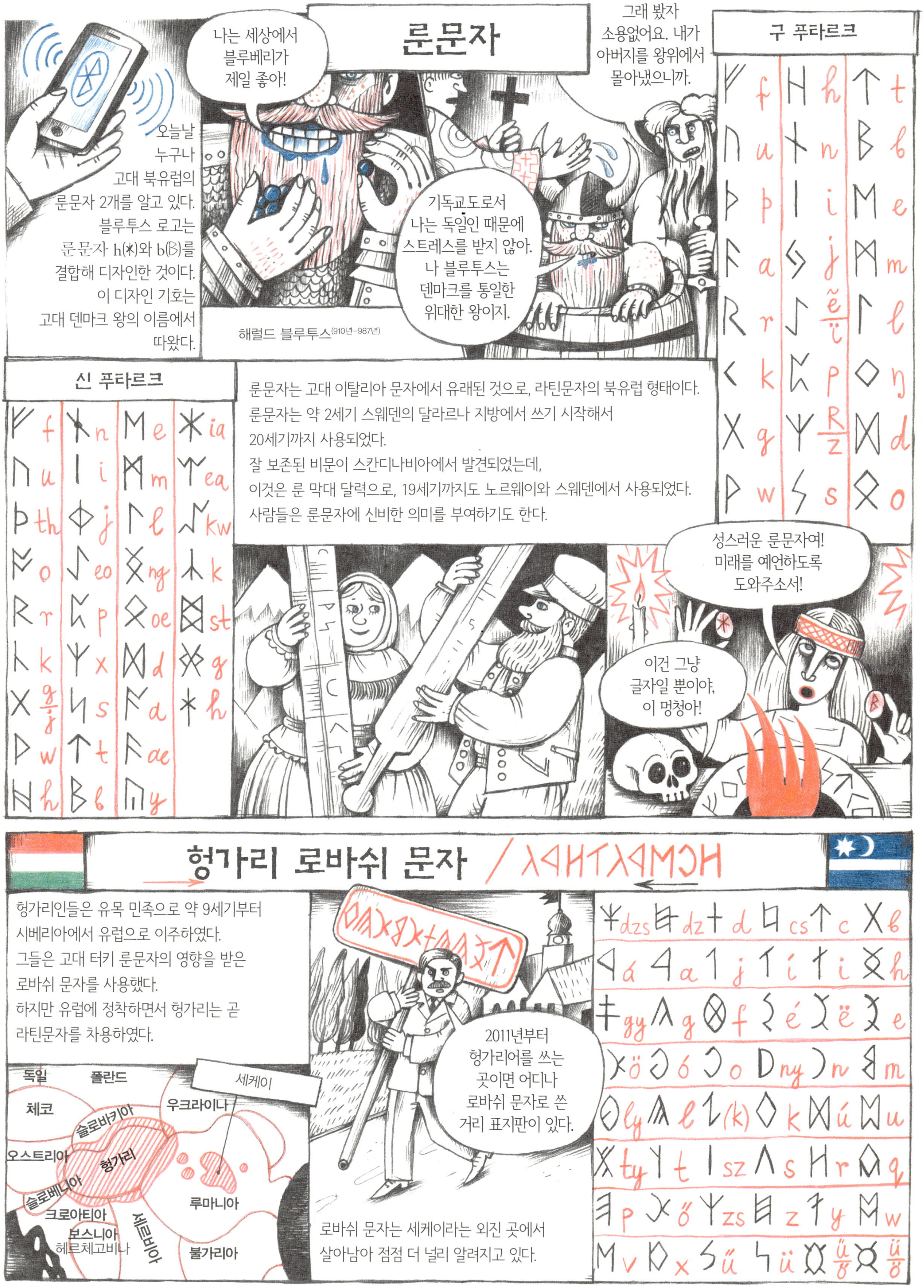

아일랜드 문자 / cló Gaelac

아일랜드에는 6세기부터 오늘날까지 아일랜드어(게일어) 표기에 사용하는 특별한 형태의 라틴문자가 있다. 그 문자의 자모들은 독특한 모양을 하고 있다.

5세기부터 7세기까지 아일랜드에 '오검'이라는 또 다른 문자가 있었다. 오검문자는 원래의 문자보다 라틴문자의 코드화가 더 많이 이루어졌다. 오검문자는 돌에다 짧게 새긴 비문으로 보존되어 있다.

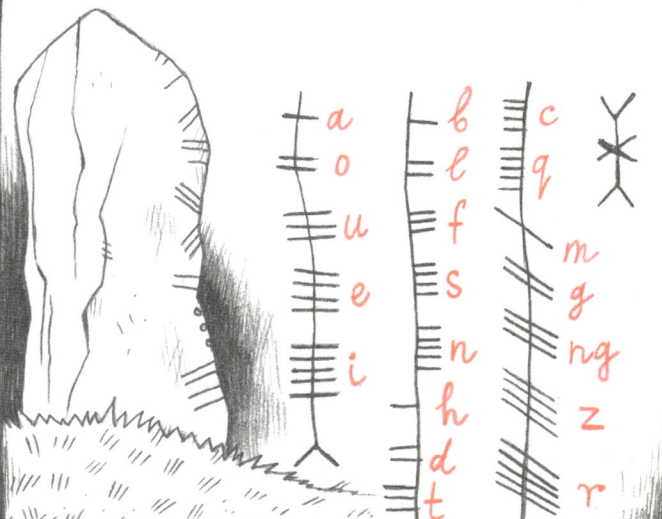

독일문자

'고딕체'인 독일식 글자체는 중세 시대에 만들어졌다. 이 서체는 서유럽 어디에서나 사용되었지만 특히 독일어권 나라에서 사랑을 받았다. 그래서 어떤 사람들은 고딕체는 '독일'문자이지 '라틴'문자가 아니라는 잘못된 주장을 내세웠다.

사랑하는 아들아, 네 책들이 보기 싫은 라틴문자로 출판되지 않아서 정말 기쁘구나.

네, 어머니! 이제 됐어요.

이 보기 싫은 문자는 없어져야 해. 하지만 대신에 이 멋없는 문자를 독일문자라고 부르다니!

카타리나 엘리자베트 괴테 | 요한 볼프강 괴테 | 그림 형제[16]

펜촉의 발명은 동일한 선의 폭을 가진 글자체 개발을 가능하게 했다.

루드비히 쥐터린 Ludwig Sütterlin(1865년~1917년)은 1911년 프로이센의 학교들을 위해 단순화한 글자체인 쥐터린체를 개발했다.

독일에서 나치가 권력을 잡았을 때는 '독일식 글자체'만 존재했다. 나치 그래픽 예술가들은 독재를 위해 잔인해 보이는 새로운 글자체들을 만들었다. 하지만 1941년 '독일문자'(고딕체)는 갑자기 금지되었고, 로마체가 표준 문자로 공표되었다.

이 유대 문자는 없어져야 해! 제국의 모든 문서를 표준 문자로 인쇄하라!

아랍문자

7세기부터 아랍문자는 이슬람화 과정에서 널리 확산되었다. 아랍문자는 30개 나라에서 공용 문자로 쓰이고 아랍어, 페르시아어 그리고 아시아와 아프리카의 많은 언어들을 표기하는 데 사용된다. 거의 모든 자모가 단어의 어디에 위치하느냐에 따라 쓰기 형태를 4개까지 갖는다. 아랍문자는 자음문자이다. 모음은 거의 표기되지 않지만 코란을 정확하게 낭독하기 위해 보조기호를 만들었다.

예언자 무함마드
Mohammed(570년-632년)

특수기호가 많고 주의해야 할 규칙이 많은데다 쓰는 순서도 오른쪽에서 왼쪽으로 쓴다. 아랍문자는 아주 복잡한 문자에 속한다. 원래 형태의 15개의 자모는 아랍어의 모든 소리를 표기하기에 부족해서 변형이 이루어졌다.

조심해라! 넌 성스러운 문자를 잘못 읽는구나! 내가 서로 다른 소리를 빨간 점으로 표시해 주마.

아랍 숫자 :
중동　　　٠١٢٣٤٥٦٧٨٩ (1,2,3,4,5,6,7,8,9)
페르시아　٠١٢٣٤۵۶٧٨٩ (1,2,3,4,5,6,7,8,9)

아부 알-아스와드 알-두알리[17]
Abu al-Aswad al-Du'ali(~603년-688년)

타나문자

몰디브는 처음에는 아랍문자를 썼지만 18세기에 토착어인 디베히어를 위해 타나문자를 만들었다. 처음 9개의 자음은 1에서 9까지의 아랍문자의 숫자를 사용했다. 몰디브 사람들은 타나문자에 빌려 온 아랍문자를 그대로 남겨 놓았다.

타나 문자의 한 줄은 3'층'으로 이루어져 있다.

○́ ○̆	모음, 특수기호
ސަމޮ	자음
٫ ٬	모음, 특수기호

그래서 압두라 야민(몰디브 대통령 이름)의 경우처럼 두 문자가 한 단어에 섞이기도 한다.

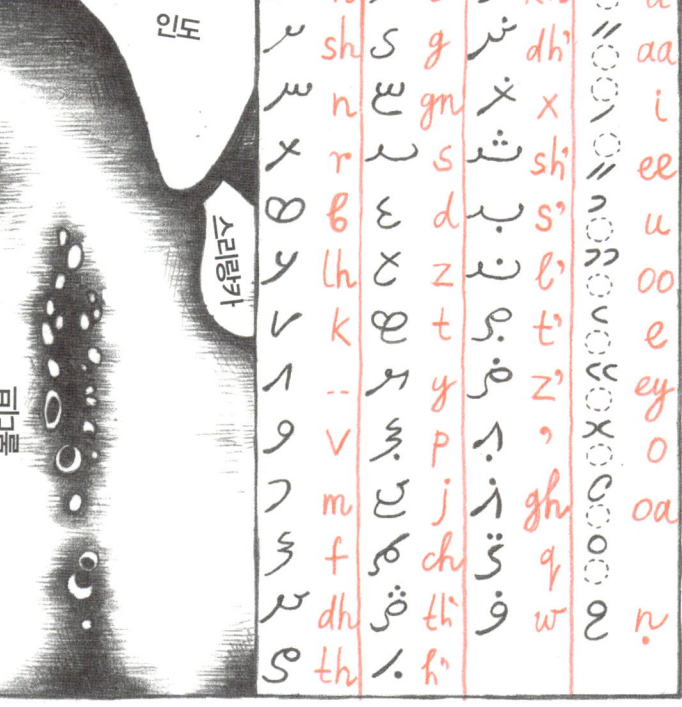

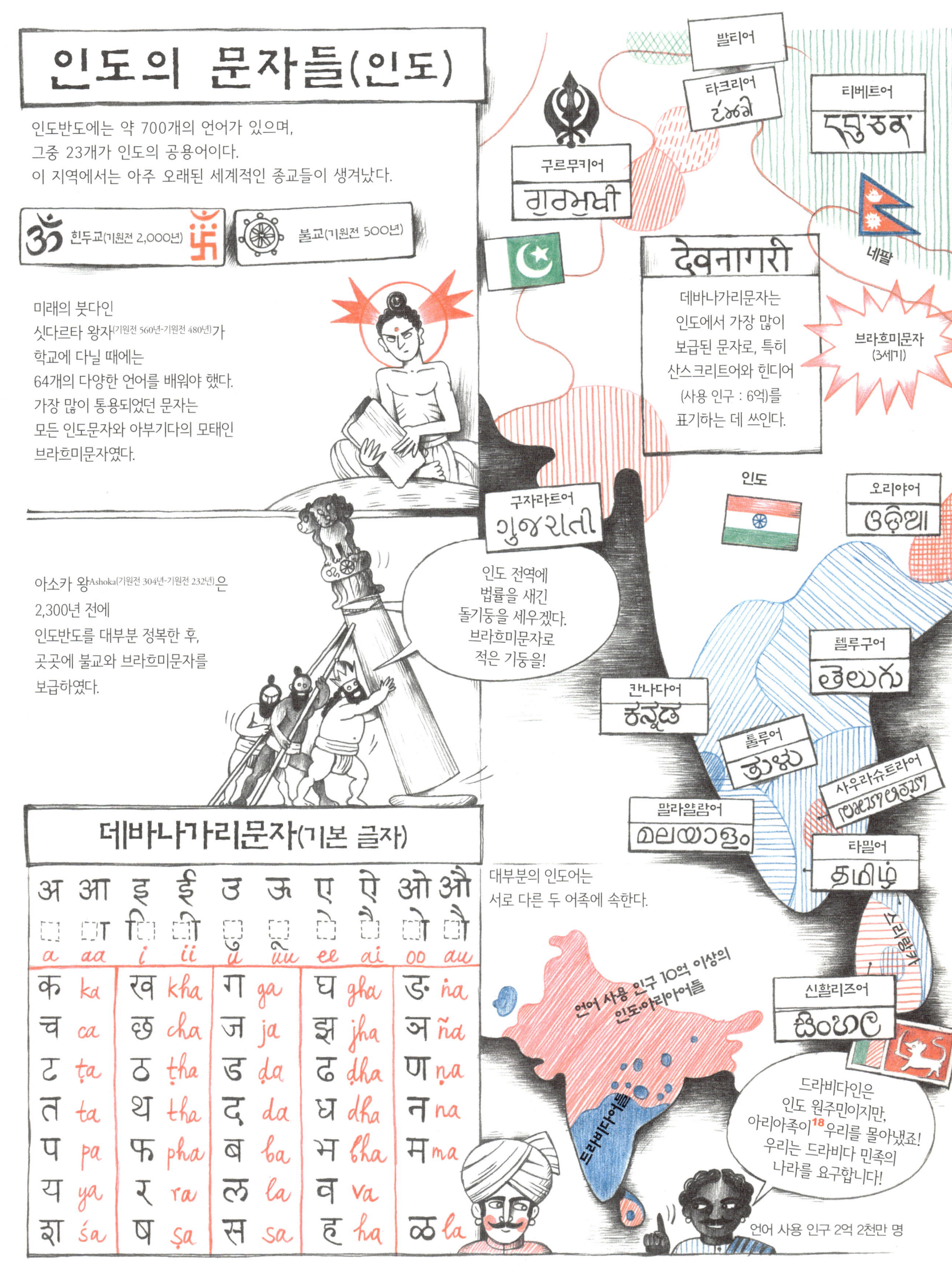

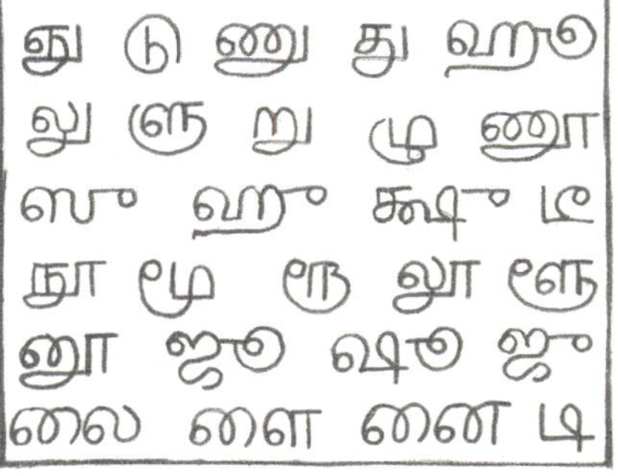

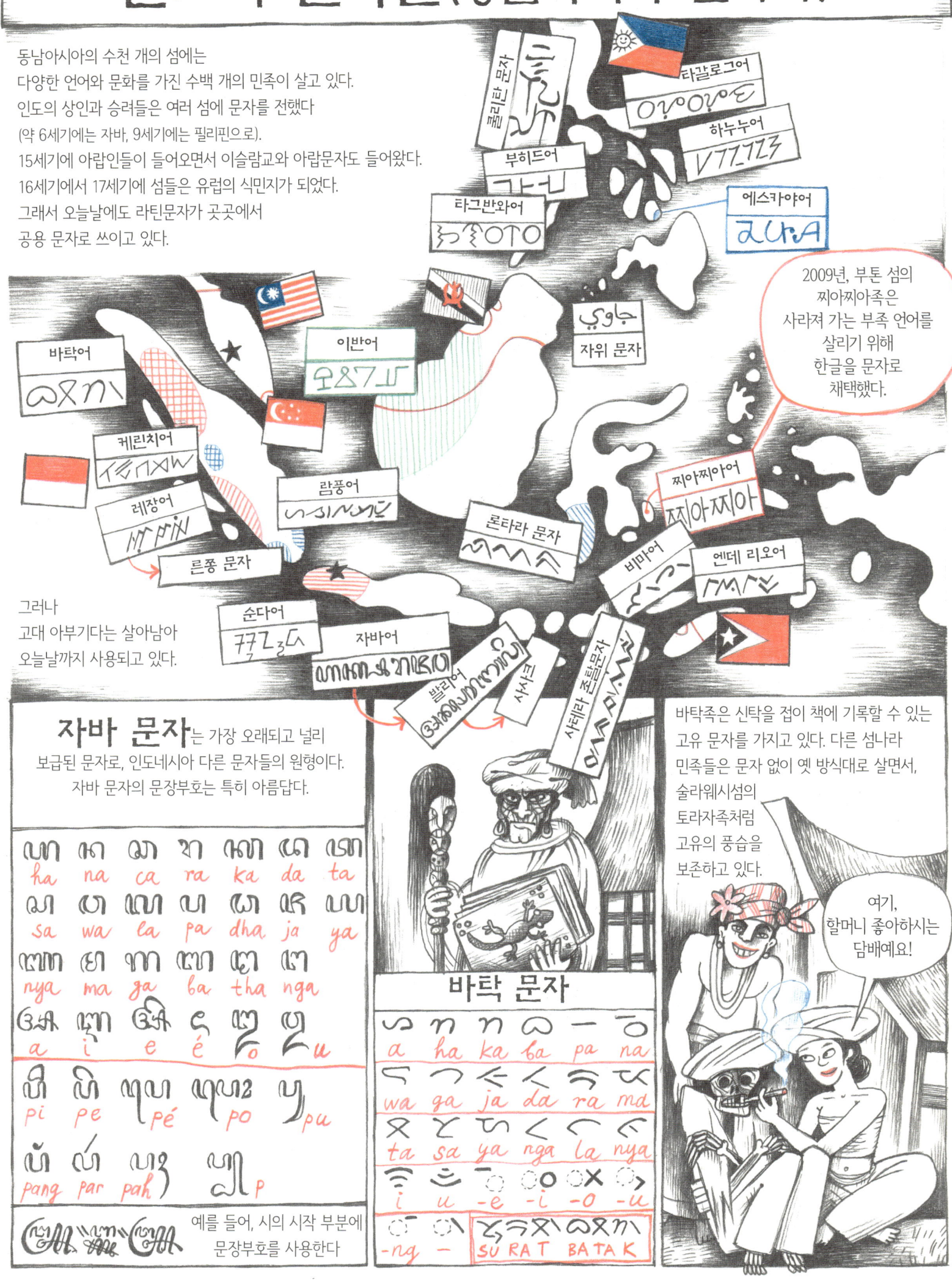

3
문자의 창조자들

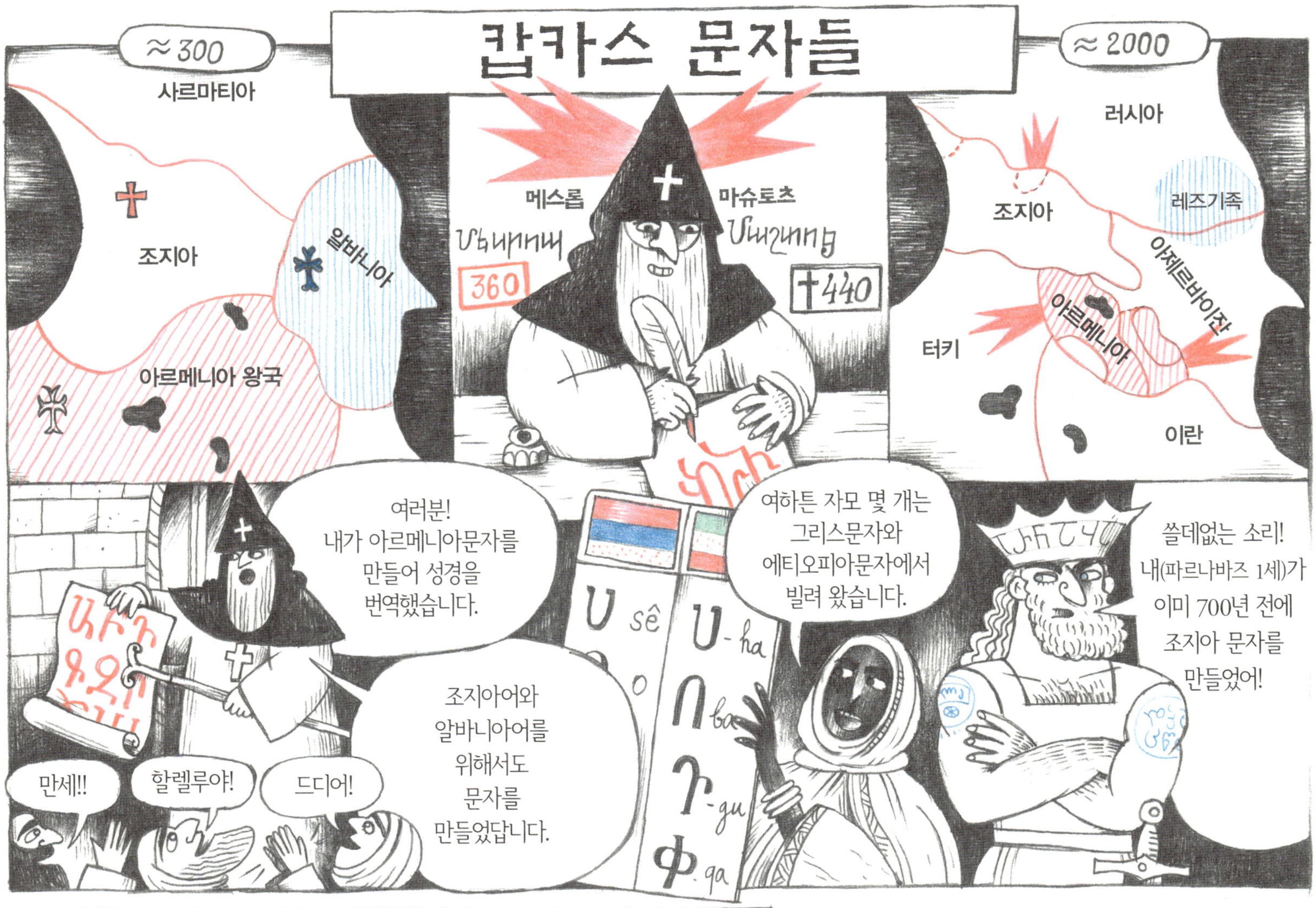

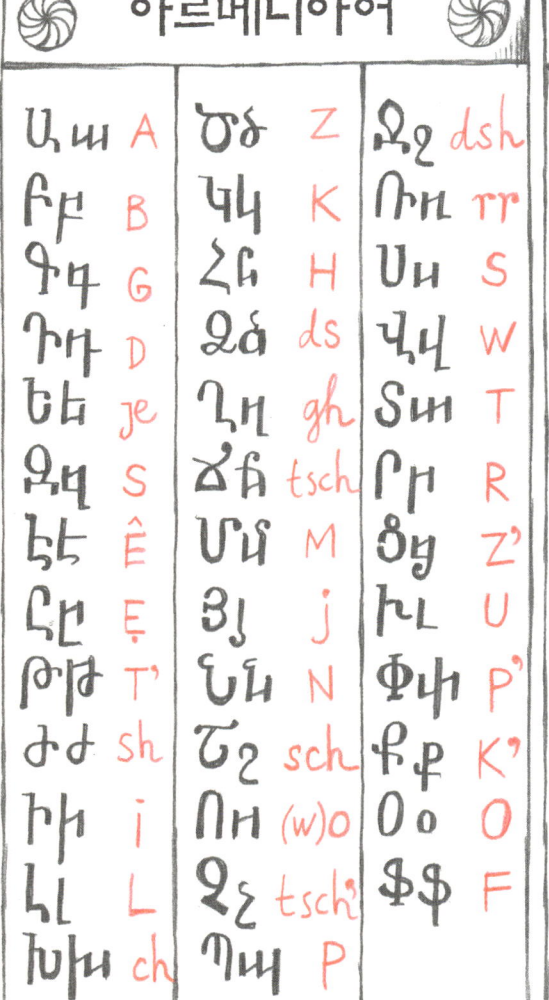

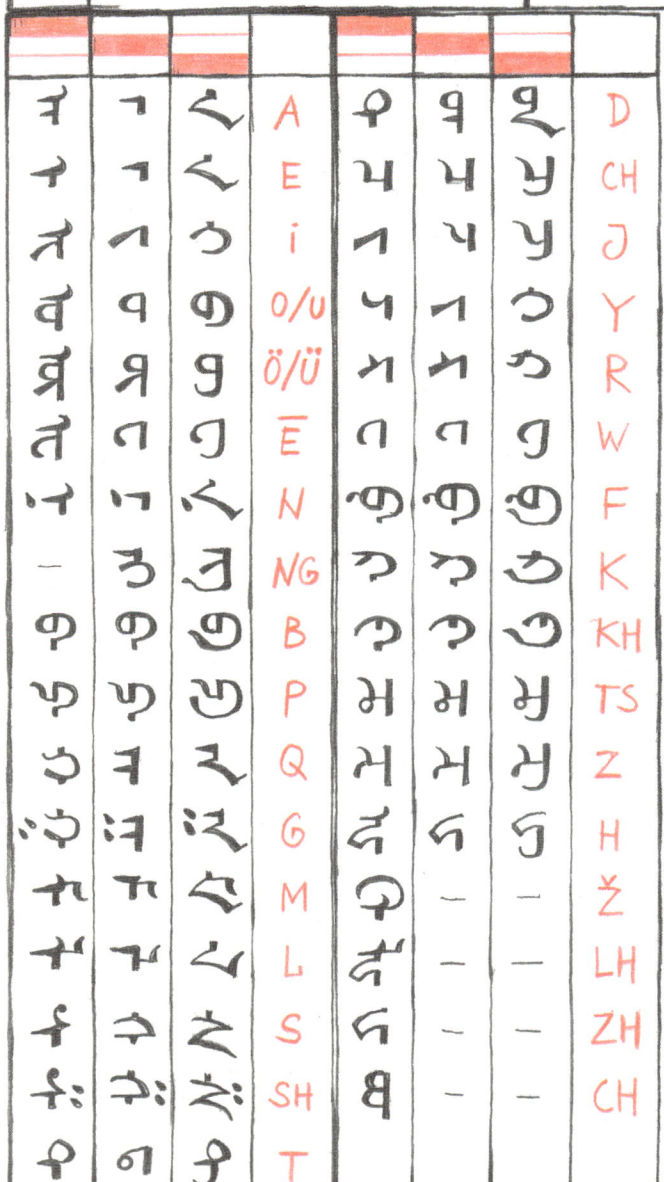

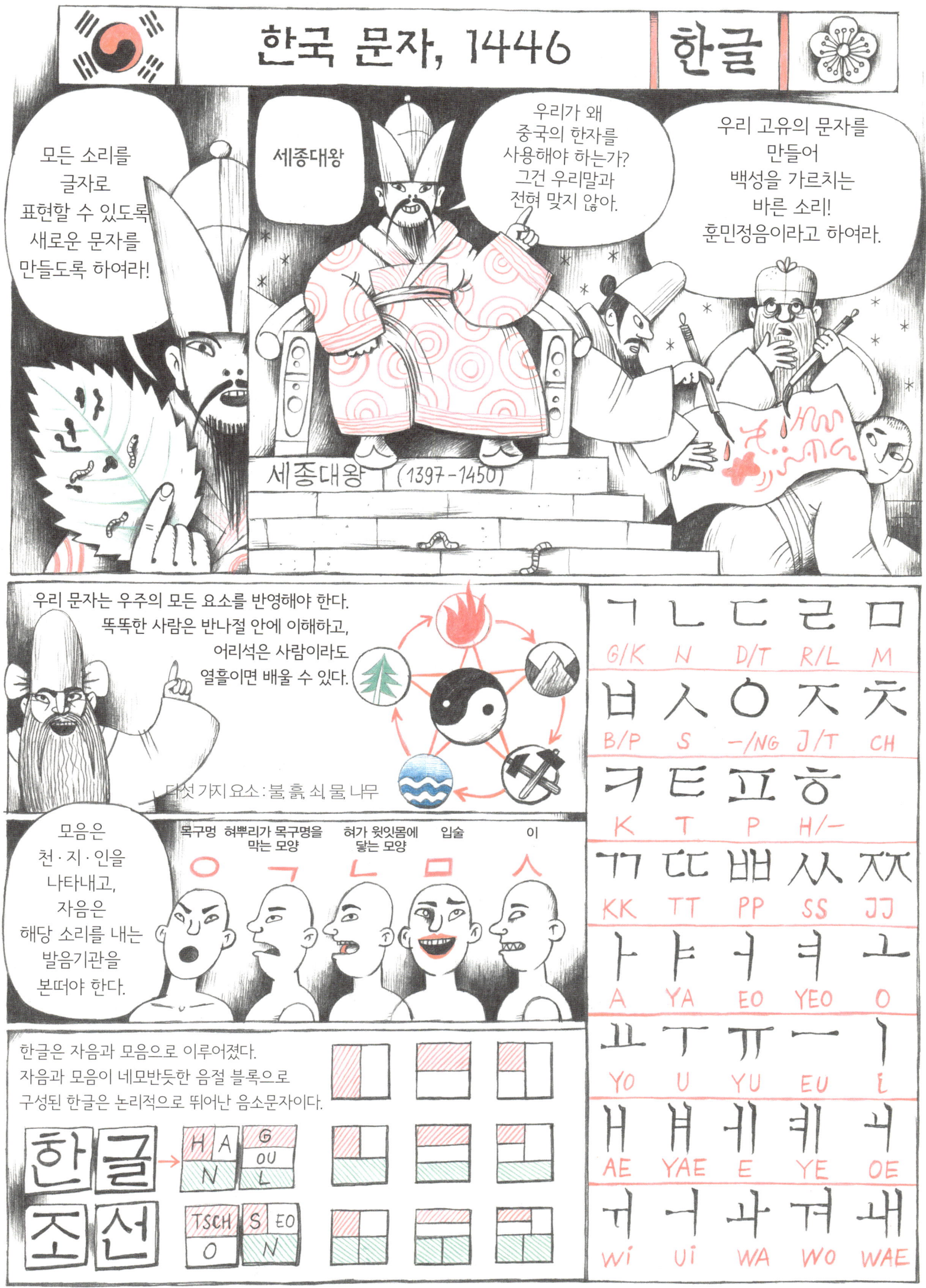

산악 민족의 새로운 문자들

동남아시아의 산과 정글에 사는 많은 토착민들^{고산족}은
수백 년간 고립된 채 전통을 이어 가고 있다.
대다수가 문맹이었지만,
그들은 차별에 저항하여 투쟁을 시작하였다.
1901년부터 1936년까지 라오스에서의 '성자의 난',
1918년부터 1921년까지 베트남에서의 몽족의 반란,
1948년부터 미얀마에서의 카렌족의 독립전쟁,
1964년부터 1992년까지 베트남, 라오스, 캄보디아에서의
억압 인종 해방을 위한 연합전선FULRO 등,
여러 차례 게릴라전을 벌이기도 했다.
종종 평화로운 시위를 하기도 하는데,
그들은 자신들의 고유 문자를
'진정한 국가'의 상징으로 여기고 있다.

지도 위 문자 라벨: 몽족/폴라드 문자, 리수족/프레이저 문자, 타이 루에 문자, 조투알라이 문자, 파하우 흐몽 문자, 므로 문자, 콤 문자, 카야 리 문자 (인도, 중국, 미얀마, 라오스, 태국, 캄보디아, 베트남)

폴라드-먀오 문자, 1905

어떻게 모든 소리를 표현할 수 있을까?

음……

사무엘 폴라드 Samuel Pollard(1864년–1915년): 영국 선교사

리수 문자, 1915

라틴문자를 손봐서 리수어를 표기해야겠어.

제임스 O. 프레이저 James O. Fraser(1886년–1938년):
중국 리수족을 선교한 영국 선교사

파우 친 하우

파우 친 하우 Pau Cin Hau(1859년–1948년)는
미얀마, 방글라데시, 인도에 사는 친족의 한 부족인
테딤 출신 농부로, 파시안 신에게 새로운 종교를 전파하라는
부름을 받았다. 1902년 그는 계시와 찬송가를 기록하기 위해
조투알라이라는 문자를 만들었다.
파시안 종교를 믿는 일부 부족은
오늘날까지 미얀마의 산속에 살고 있다.

콤 문자, 1924

라오스에 사는 콤족은 프랑스와 라오스의 지배에 저항해 싸웠다. 그들의 지도자 옹 콤만담Ong Kommandam(?-1936년)은 스스로를 마법사라 칭하며, 민족을 위해 독특한 문자를 만들었는데, 그는 이 아부기다가 마력을 지녔다고 믿었다.

파하우 흐몽 문자, 1959

송 루에 양Shong Lue Yang(1929년-1971년)은 '신의 문자'인 파하우 흐몽 문자를 보급하고, 흐몽족에게 설교했다. 그 후 라오스와 베트남의 많은 흐몽족이 읽고 쓰는 것을 배웠고, 송 루에 양을 예언자로 숭배하고 있다.

파하우 흐몽 문자는 자모와 음절문자를 자유롭게 혼합하여 만들어졌다. 성조가 있는 모음을 위한 104개의 기호와 60개의 자음이 있다.

카렌 문자(카야 리 문자), 1962

식민지 통치자들은 플롱족, 카야 리족, 파오족, 파당족 등의 15개 동족을 카렌족이라고 불렀다. 1948년부터 카렌족은 버마 정부에 맞서 격렬한 반정부 투쟁을 벌였다. 쿠 태 부 패Khu Htae Bu Phae는 1962년, 독립운동의 상징으로 카렌 문자를 만들었다.

크라마 문자, 1980

므로족은 친족의 한 부족이다. 전설에 따르면 므로족은 신으로부터 그들의 문자와 법을 받았지만 소가 책을 모두 먹어 버렸다. 그래서 므로족은 문자 없이 살다가 멘레이 무랑Menlay Murang이 1980년, 크라마 문자를 만들었다.

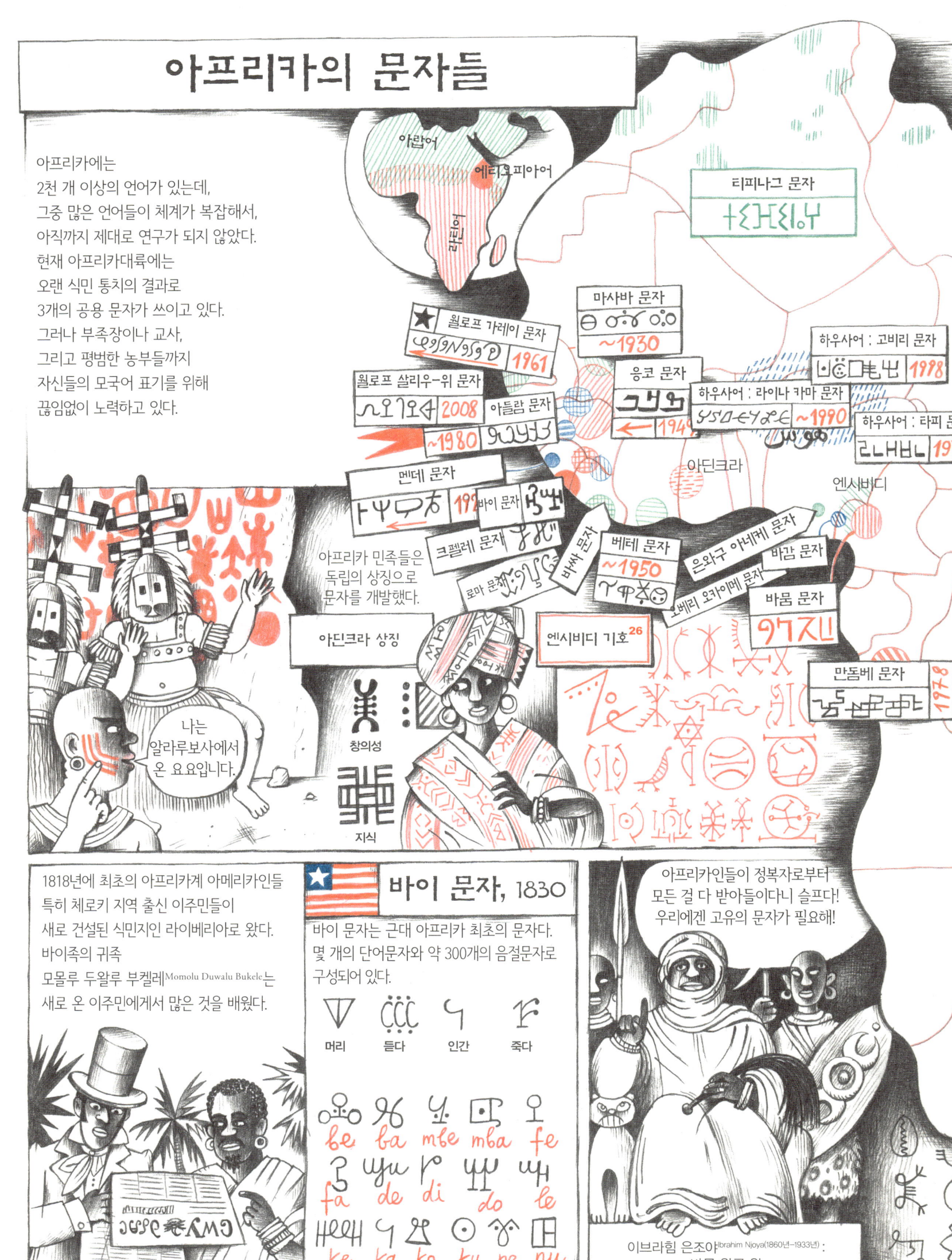

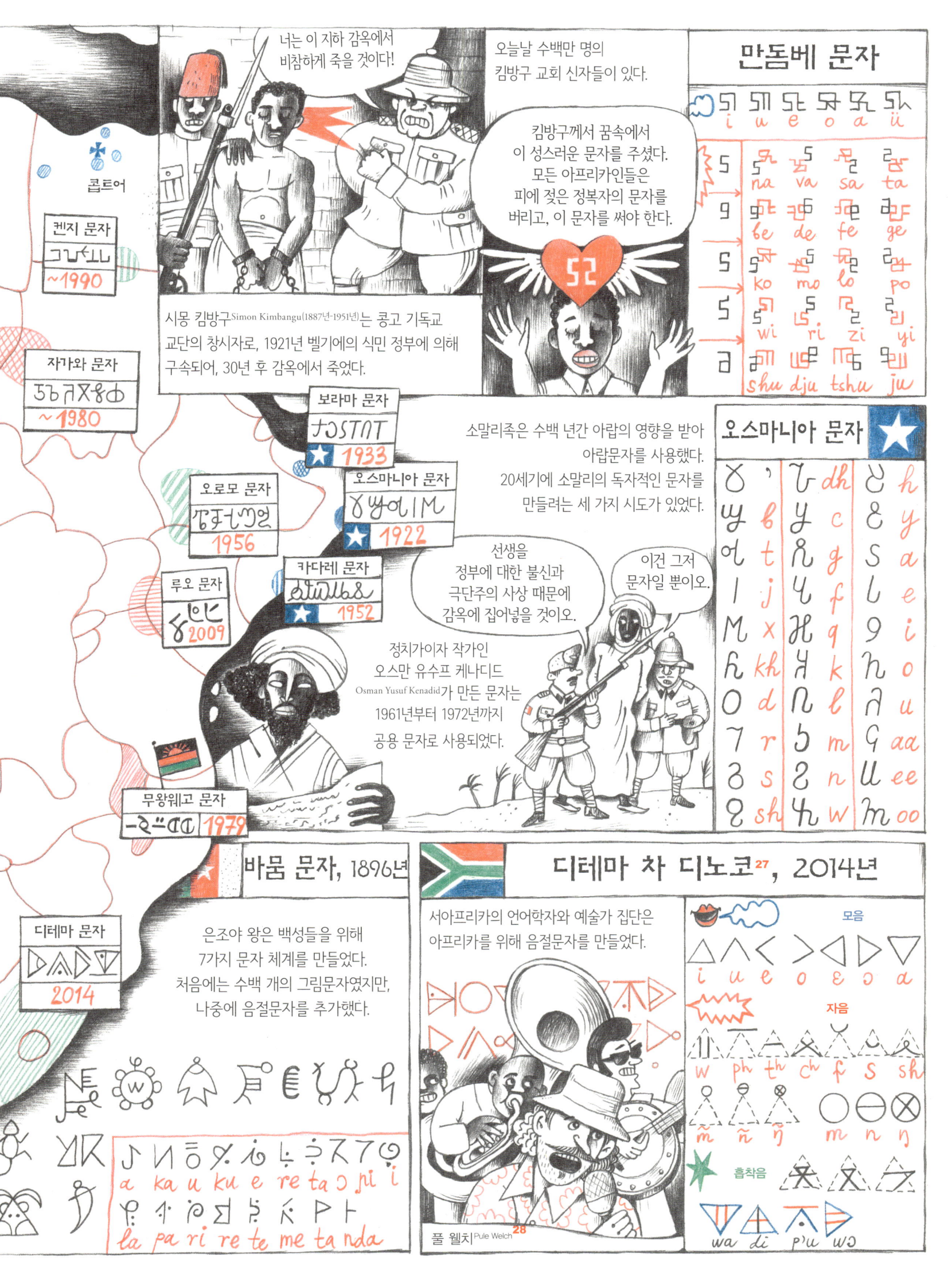

미크맥 상형문자

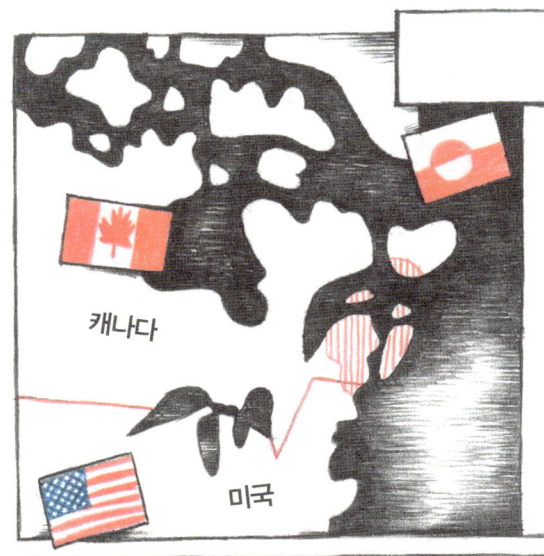

미크맥 인디언들은 유럽과 접촉한 북아메리카 최초의 원주민이었다. 스페인, 프랑스, 영국에서 어부와 상인들이 들어왔고, 다음에는 선교사들이 들어왔다. 많은 미크맥인들은 예수에 열광하여 가톨릭 신자가 되었다.

1677년 프란체스코 수도회의 젊은 수도사 크레티앙 르 클레르 Chrétien Le Clercq(1655년-1698년)가 캐나다로 와서 단기간에 미크맥어를 배워 설교를 했는데, 아주 성공적이었다고 한다.

"하나님의 아들이 우리를 위해 희생하셨습니다."

"저 말을 믿어도 되는 거야?"

캐나다 가스페 반도

"너, 내 설교를 적고 있는 거니?"

"그러면 더 잘 기억할 수 있으니까요."

모든 기호에 정확한 의미를 부여한다면, 이들을 위해 교리 문답서와 찬송가를 기록할 수 있을 텐데······.

Nušinen wayok ebin tšiptuk delwidžin …

"왜 당신은 인디언들에게 라틴문자를 가르치지 않습니까?"

"이들이 우리 문자를 배우지 않기를 바랍니다. 그것은 그들을 망칠 뿐이니까요."

신부 피에르 메일라드 Pierre Maillard(~1710년-1762년)는 미크맥 문자를 쓰도록 했다.

"너는 모든 걸 잘 배워서 기억해야 한다."

메일라드가 죽은 후 미크맥인들은 자신들의 문자를 약 100년 정도 더 사용했다. 현재는 라틴문자를 쓴다.

캐나다 원주민의 음절문자

크리 음절문자

에반스는 속기 기호를 사용해
크리 문자를 만들었다.
모든 기호는 한 음절이고,
회전시키면 ∩ - 티, ⊃ - 토, ⊂ - 타 등으로
다양한 모음을 표현할 수 있다.
모음이 자음 뒤에 오지 않으면
자음의 크기는 절반이 된다.
장모음은 점으로 표기된다.
다른 언어의 추가적인 소리를 위해
나중에 그 외의 기호들, 즉
ꟿ, ʶ, Ᏼ, ∀, ᑊ, ᖶ, Я, ᒾ, ∇ 등을
만들었다

63

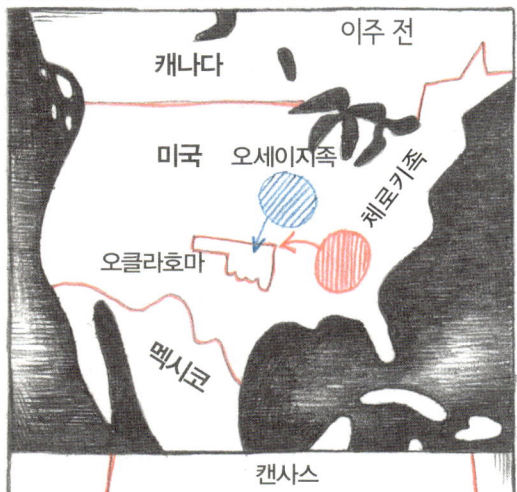

체로키 음절문자

세쿼이아 Sequoyah(1763년-1843년)

체로키족은 백인들의 문화를 받아들여 1820년경에 자치 정부를 수립한 다섯 개의 인디언 부족 중 하나이다. 1821년 전사 세쿼이아는 부족에게 자기가 만든 문자를 소개했다. 체로키족은 대부분 읽고 쓸 수 있으며, 신문까지 발행했다. 오늘날 북아메리카에서 가장 큰 인디언 부족인 체로키족은 자신들의 문화와 언어, 문자를 보존하고 있다.

와-자-제 문자

북아메리카 인디언인 오세이지족은 지금은 영어를 사용하지만, 2005년 오세이지 부족어를 구사하던 마지막 인물인 루실 루베도 Lucille Roubedeaur가 죽자, 한 프로그램에서 자신들의 언어를 되살리려는 시도를 하였다. 오세이지어 교사인 허먼 룩아웃은 2006년 와-자-제(오세이지족의 고유명사)라는 이름의 고유 문자를 만들었다. 지금도 오세이지족은 강좌를 열어 아이들에게 조상의 언어를 가르치고 있다.

허먼 몬그레인 룩아웃 Herman Mongrain Lookout & 미국계 아일랜드 언어학자이자 유니코드 전문가인 마이클 에버슨 Michael Everson

오스트레일리아와 오세아니아의 여러 섬들에서 만들어진 문자 체계는 매우 적었다.
이스터섬에 사는 라파 누이족에게는 오늘날까지 해독되지 않은 비밀 기호가 적힌 목판이 있었다.
이 코하우 롱고롱고^{Kohau Rongorongo} 목판의 경우 진짜 문자인지 단순히 그림 기억술인지 분명하지 않다.
이 기호의 의미는 19세기에 잊혀졌다.

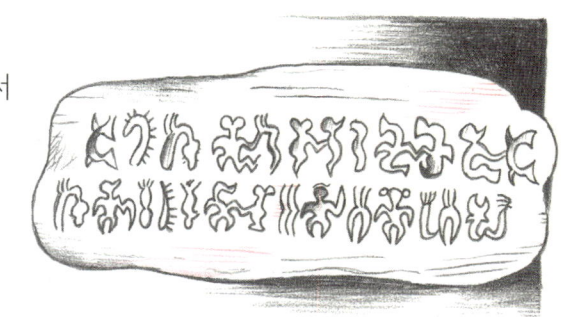

1900년경 유럽 선교사들이 미크로네시아의 캐롤라인 제도를 찾아와 원주민들에게 문자를 가르쳤다.
섬사람들은 라틴문자를 음절문자로 잘못 이해하여 고유 음절문자인 월레이^{Woleai}를 개발하였다.
이 문자는 1950년까지 몇몇 산호섬에서 쓰였다.

월레이

오세아니아의 아보이울리

바누아투공화국에는 110개 이상의 토착어를 가진 100개 이상의 부족들이 살고 있다.
세상에서 언어 밀도가 가장 높은 곳이다.
펜테코스트섬에 사는 작은 부족인 라가족은 1983년 자치국임을 선포하고, 전통적인 생활 형태를 지키기 위해 싸우고 있다.

비랄레오 보보렌바누아^{Viraleo Boborenvanua} 추장은 부족어를 위해 문자를 만들었다.
자모의 형태는 전통적인 모래 그림에서 유래한 것이다.

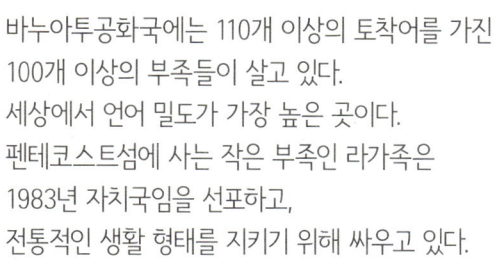

비랄레오 보보렌바누아 추장

고대 페름 문자 안부르

핀-우그리아 어족인 코미족은 중세시대에 대(大)페름 제후국을 세웠다. 제후국의 영주들은 현명하게도 러시아와의 전쟁을 피해 동맹국이 되었지만, 나중에는 그 신하가 되었다. 그때 선교에 열을 올렸던 수도사 스테판 페름스키 Stefan Permski(~1340년-1396년)가 대페름으로 왔다. 그는 전통 신앙을 무자비하게 탄압하고, 성경책을 코미어로 번역하기 위해 문자를 만들었다. 안부르라고 부르는 이 문자는 18세기까지 사용되었고, 오늘날 코미족의 정체성을 상징하는 것이 되었다.

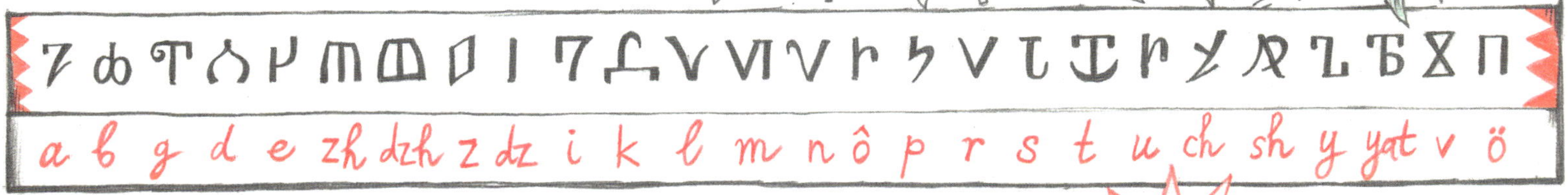

뷔타쿠키에

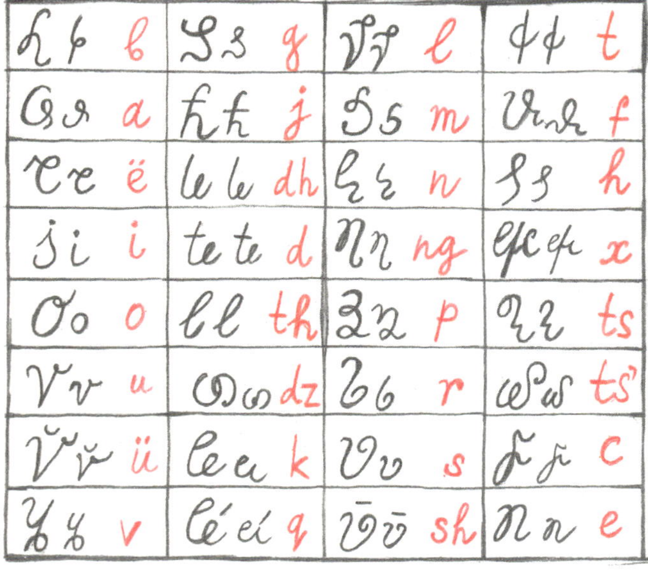

1912년까지 알바니아는 다른 나라들의 지배를 받았다.

오스만제국의 지배하에서 많은 알바니아인들은 이슬람교로 개종했고, 일부만 기독교로 남았다. 알바니아인들은 대부분 읽고 쓰지 못했다. 알바니아어 수업을 하는 학교도, 책도 없었다. 교육을 받은 소수의 사람들은 터키어, 이탈리아어, 또는 그리스어를 사용해야 했다.

나의 꿈은 알바니아 민족을 통일시키는 것이다! 우리를 억압하는 자들의 말과 문자를 쓰지 말자! 알바니아 문화는 모국어로만 이룩할 수 있다. 새로운 문자 뷔타쿠키에가 모든 알바니아인들을 하나로 만들 것이다!

나움 베킬하륵시
Naum Veqilharxhi(1797년-1846년)

인공 문자들

작가, 만화가, 영화감독 및 컴퓨터 게임 개발자는 종종 판타지 세계의 외계인, 상상 속의 존재 또는 미래의 인물들이 사용하는 인공어와 인공 문자를 만들어 낸다.
유럽 문학에서 최초의 인공 문자는 12세기에 독일의 수녀이자 학자이며 예술가였던 힐데가르트 폰 빙엔Hildegard von Bingen이 라틴문자와 독일문자를 절충해 만든 문자일 것이다.

1516년, 문학의 새로운 지평을 열었고 수백 년간 정치사상에 영향을 준 토마스 모어Thomas More의 『유토피아』가 출간되었다. 이 책은 가상의 섬에 존재하는 공상 사회를 묘사했다. 이후 많은 공상과학소설에서 미래 세계를 '유토피아'라고 부르기 시작했다. 토마스 모어 역시 판타지 언어를 창조한 인물이다.

링구아이그노타

유토피아 문자

프랑스의 사기꾼 조르주 살마나자르George Psalmanazar(1679-1763)는 호기심 많은 청중들을 속이기 좋아했다. 그는 '고향'이 타이완이라고 하면서 그에 대한 책을 출간하기도 했다. 심지어 이 사기꾼은 책을 내기 위해 '타이완어'와 '타이완 문자'까지 만들 정도였다!

부록

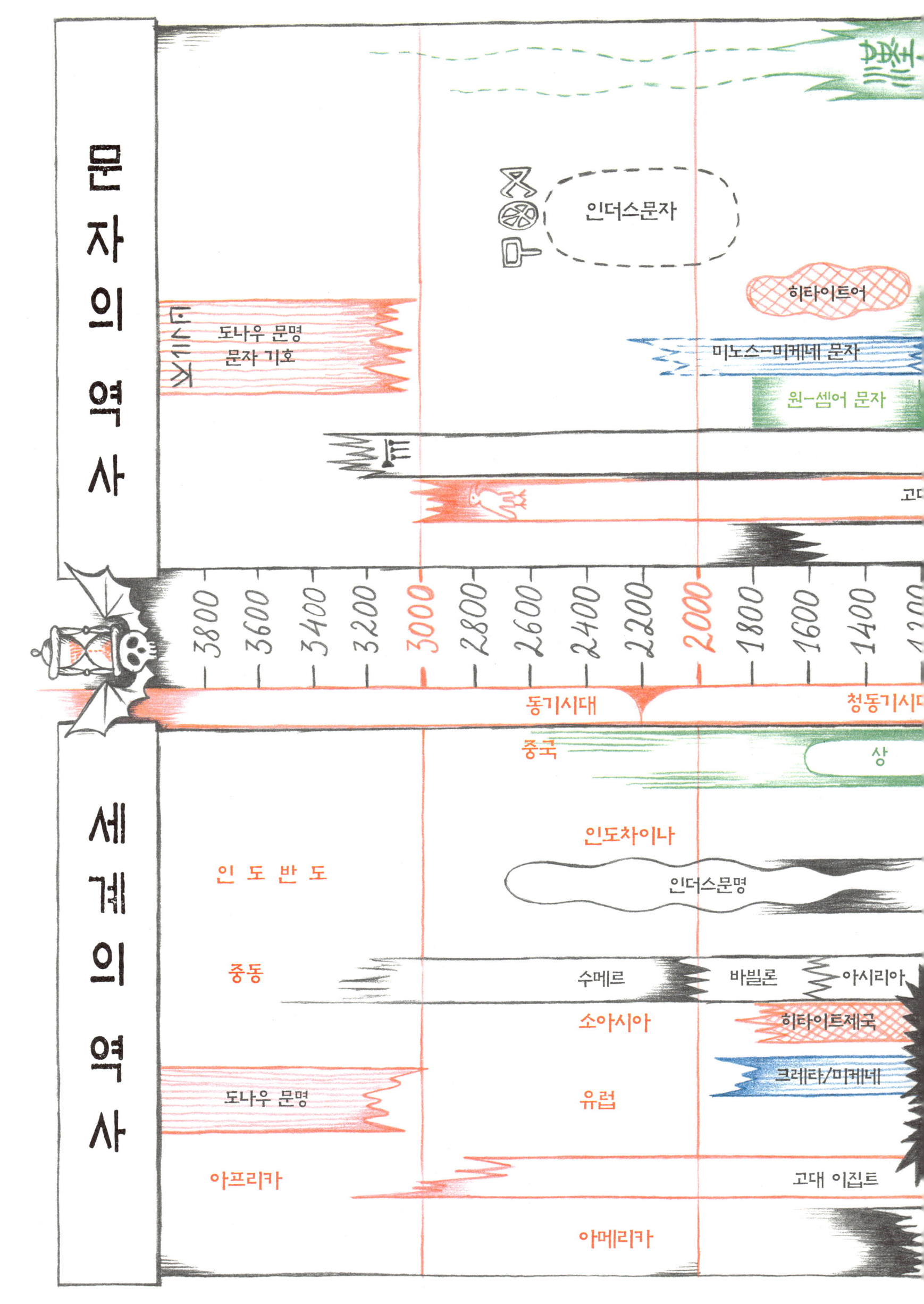

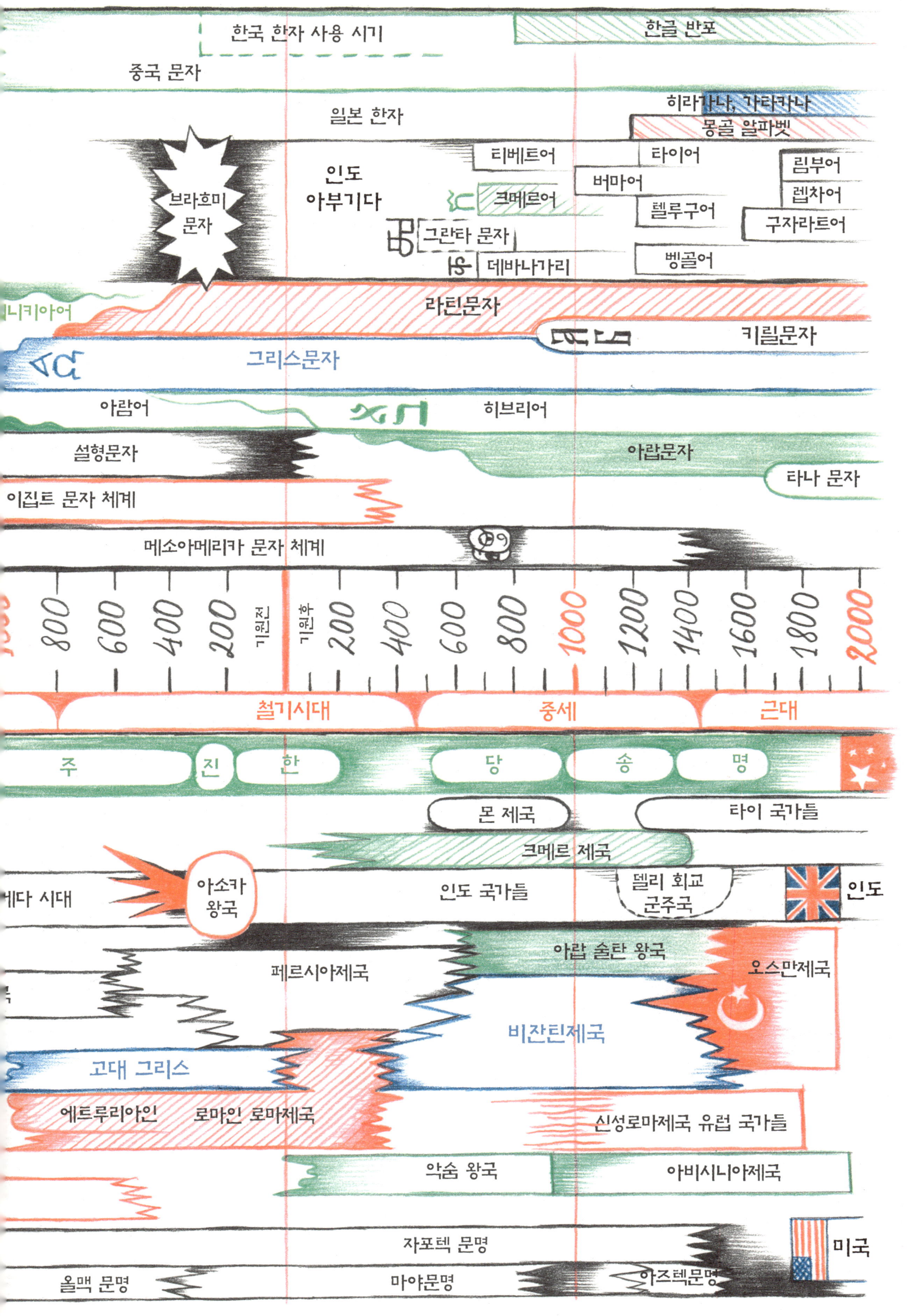

지은이 후기

인류가 만들어 낸 다양한 문자 체계는 매우 흥미롭다.

음성언어를 어떤 다양한 방법으로 기록할 수 있는지, 인간의 창의성은 얼마나 무궁무진한지, 어떤 역사와 인물들이 어떤 문자 체계와 연결되어 있는지를 아는 일은 정말 놀랍다. 다양한 문자의 아름다움은 그 자체로도 큰 기쁨을 선사하지만, 전혀 이해할 수 없다 해도 기쁨을 주는 건 마찬가지이다.

모든 문자 체계는 나름의 방식으로 고유 언어와 아주 복잡하게 얽혀 있다. 다양한, 때로는 이해하기 어려운 규칙들이 가득한 문자 체계를 고작 한 페이지에 다 설명할 수는 없다. 아랍어와 태국어 또는 일본어를 제대로 공부하려면, 특히 문자까지 공부하려면 교과서가 필요하며, 훌륭한 선생님과 아주 많은 시간과 노력이 필요하다. 이 책은 기본 개념을 전달하고 호기심을 자극하는 시도에 불과하기 때문에 당연히 모든 문자를 (수천 개의 중국 문자 기호를 생각해 보라!) 설명할 수는 없다.

오늘날 인터넷에서는 각종 언어와 문자에 관한 수많은 정보와 안내 글, 그리고 영상 수업을 찾아볼 수 있다. 베를린, 런던, 뉴델리, 또는 베이루트와 같은 도시에서 전 세계의 문자 기호들이 (티셔츠, 문신, 또는 광고 포스터에서) 한데 어우러져 우리와 만난다. 아랍어, 에티오피아어, 벵골어, 중국어나 키릴어가 '라틴어를 바탕으로 하는' 서유럽에서도 늘 볼 수 있다. 아주 멀리 떨어진 지역에 사는 매우 희귀한 언어를 사용하는 사람들도 마우스로 클릭만 하면 된다.

코드화 방법이 간단해지고 기회가 다양해질수록 더 많은 문자들을 컴퓨터나 스마트폰에서 별 어려움 없이 보고 읽을 수 있다. 전 세계가 전자 통신에서 라틴 알파벳 26개만을 처리해야 했던 시대가 그리 오래된 것은 아니다. 오늘날은 어떤가? 4,000년 된 설형문자로 문자 메시지를 보낼 수 있다. 옛날 술라웨시섬에서 야자수 잎에다 썼던 론타라 문자로도 이메일을 보낼 수 있다. 이보다 더 놀라운 일이 어디 있겠는가!

www.unicode.org/charts/ 웹사이트에서는 모든 유니코드 문자 체계를, 전 세계에 존재하는 모든 문자의 기호 집합을 쉽게 찾을 수 있다. 예를 들어 고대 페르시아 유니코드 블록도 찾을 수 있다. 우리는 이 세상의 모든 언어의 최종 문자 표기를 경험하고 있다. 더욱이 이 과정에서 아직 알려지지 않은 문자를 위해 글꼴을 개발한다거나 유니코드 표준을 위해 아직 코드화되지 않은 문자가 앞으로 컴퓨터에서 사용될 수 있도록 제안하고 고유 문자를 만드는 일에 기여할 수도 있다. 사람들의 쓰기가 어떤 식으로 계속될지 누가 예측할 수 있겠는가?

흥미진진할 따름이다.

요하네스 베르거하우젠 박사의 후기

문자에 또 문자! 이 책은 정말 재미있다.

비탈리 콘스탄티노프는 매우 다양한 많은 문자들을 멋지게 소개하고, 그림을 그리고 이야기했다. 축하드린다.

여기에서 한 가지 의문이 든다. 도대체 얼마나 많은 문자 기호들이 존재할까? 누가 그 수를 세어 봤을까?

컴퓨터에서 사용할 수 있는 문자는(이모티콘 역시) 유니코드 표준의 현재 12.0 버전에서 137,929개의 기호라는 대단한 숫자에 이르렀다. 적은 숫자가 아니다. 게다가 해마다 새로운 문자들을 받아들이고 있다.

그러면 얼마나 많은 문자 체계가 있을까?

나는 연구 프로젝트의 일환으로 미국 출신의 언어학자 데보라 앤더슨 박사Dr. Deborah Anderson에게 이에 대해 질문했다. 그녀는 많은 전문가들에게 문의하여 긴 목록을 작성한 후 몇 달 뒤 "인류는 역사에서 292개의 문자 체계를 만들었다"고 알려 줬다. 인터넷 웹사이트 ethnologue.com에 수록된, 지금도 사용하는 것으로 알려진 7,111개 언어와 비교해 볼 때 그 숫자는 거의 정확할 것이다.

오늘날 292개의 '쓰기 체계'의 절반 이상이 모든 컴퓨터에서 사용 가능하다. 모든 문화가 자신의 고유 문자를 쓸 수 있도록, 아직 등록되지 않은 문자 체계들을 앞으로 더 보충해야 한다. 그럼 유니코드는 일종의 타이포그래피 연합국 총회가 될 것이다.

우리는 2019년 이와 관련하여 간단한 웹사이트 worldswritingsystems.org를 만들었다. 이 사이트에는 모든 문자 체계를 대략적으로 살펴볼 수 있는 그림도 있고, 관련 링크들을 다양하게 소개하고 있다. 즐거운 시간 보내시길 바란다!

요하네스 베르거하우젠 박사Prof. Johannes Bergerhausen
마인츠대학 타이포그래피 및 북디자인 교수

주해 및 번역

1 2017년 유니코드협회는 이모티콘에 대한 또 다른 제안들(특히 얼굴 찌푸린 똥 무더기 = 슬픈 똥 무더기)을 거절했고, 그것은 격렬한 논쟁으로 이어졌다. (11쪽)

2 그림 수수께끼 "To be or not to be" = 죽느냐 사느냐(영어) : two bee oar knot two bee (2[투], 벌[비], 배 젓는 노[오어], 매듭[낫], 2[투], 벌[비]) (13쪽)

3 동사와 자음에 대한 256개의 기호가 있는 여키스어는 유인원과의 의사소통을 위해 학자들이 개발했다. (14쪽)

4 Ovu-ia avakava? = 해변은 어디 있나요?(로토카스어) (15쪽)

5 Addio per sempre, amore! = 영원히 안녕, 내 사랑!(이탈리아어) (15쪽)

6 kàŋ!ám kā ǁūm = 저기 스프링복이다!(코이산어) (15쪽)

7 Nah-ne-bah o-sa aun neen-no = 나는 밤에 돌아다녀.(오지브와어) (17쪽)

8 ما هذا؟ (ma hdha?) = 이것은 무엇입니까?(아랍어) (25쪽)

9 베드르지흐 흐로즈니 : 체코의 언어학자로 히타이트 문자를 처음으로 해독한 것으로 알려졌다. (33쪽)

10 에밀 질리에롱 : 스위스 화가로, 고대 예술품을 많이 복제하였다. (33쪽)

11 아서 에반스 : 영국의 고고학자로 미노스 문명의 발견자로 유명하다. 특히 크노소스 궁전을 발굴한 것으로 알려져 있다. (33쪽)

12 On gelt iz keyn velt = 돈이 없으면 세상도 없다.(이디시어) (36쪽)

13 Απόψε κάνεις μπάμ … (Apóse káneis bam …) = 오늘밤 당신은 그걸 만들어요.(그리스어)
έλα! έλα! (éla! éla! 엘라! 엘라!) = 어서! 서둘러!(그리스어) (37쪽)

14 VERBA VOLANT, SCRIPTA MANENT = 말은 사라지고 글은 남는다.(라틴어 속담) (38쪽)

15 기원전 10년–기원후 54년 로마 황제 클라우디우스 (38쪽)

16 야콥 그림과 빌헬름 그림 : 독일의 어린이와 가정을 위한 동화 수집가이자 민속학자이다. (41쪽)

17 아부 알-아스와드 알-두알리 : 아랍의 필경사로, 특히 코란을 생각하여 정확한 아랍어를 만들기 위해 문법을 개발하였다. (43쪽)

18 인도이란어를 사용하는 사람들을 아리아인이라고 부른다. 국가사회주의에서 이 개념은 유대인 대학살의 결과를 낳은 인종 이데올로기와 연결되었다. (44쪽)

19 키릴로스와 메토디오스 : 슬라브의 사도들이라고도 불리는 그리스 테살로니키 출신의 두 형제는 선교사로 슬라브 지역에서 큰 성공을 거두었다. 키릴문자는 고대 글라골 문자를 만든 키릴로스의 이름에서 따온 것이다. (53쪽)

20 클레멘트 폰 오흐리드 : 키릴로스와 메토디오스의 제자이자 종교학자로, 글라골 문자를 개혁했다. (53쪽)

21 한글의 원리는 문자의 읽기와 쓰기를 몇 시간 안에 배울 수 있을 만큼 아주 간단하다. 그 논리적 구조는 세계적으로 인정받아 옥스퍼드대학은 한글을 세계에서 가장 훌륭한 문자 체계로 선정했다. (55쪽)

22 토니 코유 : 인도의 역사가이자 정치가로, 2001년 인도 아루나찰 프라데시주의 토착민들을 위해 타니 문자를 만들었다. (56쪽)

23 나라얀 오라온 박사 : 인도의 의사로, 모국어인 쿠르크어를 위해 톨롱 시키 문자를 만들었다. (57쪽)

24 사투파티 프라산나 스리 교수 : 인도 언어학자로, 토착민들이 자신들의 전통을 지킬 수 있도록 10개 이상의 문자를 만들었다. (57쪽)

25 그레그 M. 콕스 : '현존하는 최고 어학 능력자'로 기네스북에 올랐으며, 64개 언어를 구사한다. 세계 최대 언어 사전을 출판하였으며, 인도어인 코바다어를 위해 코다구 콕스 문자를 만들었다. (57쪽)

26 엔시비디 기호는 나이지리아의 비밀 사회에서 이용되었다. 아마도 이것은 그림 기억술이지, 실제 문자는 아닐 것이다. (60쪽)

27 디테마 차 디노코는 세소토어 표기에 사용되는 음절문자의 이름이다. (61쪽)

28 풀 웰치 : 남아프리카의 코미디언이자 래퍼이며 언어학자이다. (61쪽)

29 Gjuha Shqipe : '알바니아어'라는 뜻으로 라틴문자, 그리스문자, 아랍문자로 표기하였다. (66쪽)

30 피터 길리스Pieter Gillis는 16세기 초 안트베르프시의 인문학자이자 인쇄업자였다. 토마스 모어의 친구이자 지지자로 소설 유토피아에 등장인물로 나왔다. (67쪽)

31 yuDHa'ghach law' Hoch puS!
= 정직이 최고의 전술이다!(클링온어) (69쪽)

낱말 설명

국제음성기호(IPA) 1886년 오토 예스페르센(1860년–1943년)은 음성기호를 만들자고 제안했다. 2년 후 국제음성기호(IPA)의 첫 버전이 발표되었다. 국제음성기호에서 모든 언어의 소리는 표음문자 내지는 소리 순서로 표현된다. 그래서 대부분의 어휘 사전에서 발음 보조 도구로 이용된다. IPA는 오늘날 전 세계에서 가장 광범위하게 보급된 소리문자 체계이다. 누구든 각각의 기호나 소리가 어떻게 발음되는지 온라인에서 들을 수 있다.

기호 기호는 다른 무엇인가를 가리키고 다른 무엇인가를 표현하는 시각적, 음향적 또는 디지털상의 단위이다. 여기에는 문자 기호뿐 아니라 제스처, 몸짓 그리고 소리까지도 포함될 수 있다.

레부스 레부스는 그림 수수께끼로, (지워진) 알파벳과 암호처럼 일련의 그림과 기호에서 하나의 단어가 추측된다. 그러나 이 단어는 묘사된 사물과 내용상 아무 관계가 없다. 이 원리는 중국 문자처럼 많은 표어문자에서 발견된다. 그림 수수께끼에서는 새로운 낯선 단어와 비슷하게 소리 나는 익숙한 기호들이 결합된다.

발음 구별 부호 체크 표시, 줄표, 점 등과 같은 작은 부호는 자모 위에, 아래 또는 옆에 표시된다. 발음 구별 부호는 스스로 소리를 나타내지는 못하지만, 자모와 같은 기본 문자 기호와 결합될 수 있다(예를 들어 é). 이것을 통해 강세나 정확한 발음을 표시할 수 있다. ä, ö, ü에 있는 움라우트 점은 독일 알파벳에서의 예를 보여 준다.

실담문자 성스러운 문자라는 뜻으로 주로 불교 경전을 적는 데 쓰였다. 6세기에서 12세기에 걸쳐 한국과 일본에서도 쓰였다.

아부기다 아부기다(암하라어 አቡጊዳ에서 온 말)는 음절에 따라 분류되는 문자로 음절문자에서 음소문자로 넘어가는 과도기의 문자이다. 한 글자에 자음과 모음을 포함하며, 다른 모음을 표기할 때는 기본 글자를 변형하여 표시한다. 인도문자와 에티오피아문자가 대표적인 예이다.

압자드 압자드는 자음문자를 의미하며, 예를 들어 히브리문자나 아랍문자처럼 모음을 완벽하게 또는 대부분 포기한 문자를 말한다.

유니코드 유니코드는 문서 기호를 컴퓨터에 (그리고 스마트폰에도) 코드화하기 위해 국제표준화기구(ISO)에 의해 표준화된 체계이다. 알려진 모든 문자에 고유의 코드 값을 제공하여, 모든 나라와 모든 문화권에서 동일한 코드에 접속할 수 있고, 호환성이 없는 코드화를 배제할 수 있다. 유니코드는 꾸준히 그 밖의 기호들을 보완하고 있다. 2019년 현재 12.0 버전은 137,929개의 기호를 가진 150개 문자 체계를 담고 있다.

음절문자 음절문자는 한 글자가 하나의 음절을 표현하는 문자이다. 예를 들어, 일본어 가타카나 기호 カ는 '카' 음절을 나타낸다. 음절문자에서 음절 기호는 알파벳과 비슷하게 완전히 또는 대부분 한 음절과 결합된다. 여기에서 예를 들어 기원전 15세기부터 12세기까지 그리스에서 사용된 선문자 B처럼 음절에 기초한 문자 체계가 생성된다.

코드 코드는 특정 형태의 정보를 다른 방법으로 표현하는 규칙이다. 한 기호 집단의 기호는 다른 집합의 기호나 그 기호들의 나열을 통해 표현된다. 가령 알파벳 O는 모스부호 – – – 로 표시된다. 이 기호들은 문장론적, 의미론적, 실용적 규칙의 지배를 받는다. 이를 통해 정보들이 전달될 수 있다. 모스부호 외에도 국제신호기를 예로 들 수 있다.

표어문자 (단어문자) 표어문자는 소리문자와 반대로, 소리를 나타내는 것이 아니라, 하나의 단어 또는 뜻을 가진 단어 단위(형태소)를 뜻한다. 하나의 기호가 하나의 단어와 일치하는 문자들의 예로 중국어 한자, 일본어 한자, 설형문자, 상형문자가 있다.

표의문자(뜻글자) 표의문자는 그림문자와 달리 구체적 대상이 아니라 하나의 개념을 나타내는 기호이다. 예를 들어 표의문자 ♥는 '사랑'이나 '좋아하다'란 개념을 나타낸다. 표의문자는 소리를 표현하지 않는다. 그래서 동일한 ♥ 기호는 Herz(역주 : 독일어–헤르츠), Heart(역주 : 영어–하트), Cœur(역주 : 프랑스어–쾨르), Corazón(역주 : 스페인어–코라손) 등과 같이 완전히 다르게 발음된다. 유럽 화폐 단위인 유로의 기호 € 역시 유로를 뜻하는 것이지, 유로를 그래픽상으로 묘사한 것은 아니기 때문에 표의문자이다.

픽토그램 픽토그램은 그림문자로, 구체적인 대상을 표현한다. ⛲라는 기호는 자전거를 뜻한다. 그러나 표의문자처럼 '자전거 도로'나 '자전거 운전자'를 뜻할 수도 있다.
중국 문자는 그림문자에서 발달했다.
스마일 얼굴 ☺같은 이모티콘 역시 그림문자이다.

한정사 이집트 상형문자나 설형문자와 같은 고대의 문자 체계에서 한정사는 개념 범주(예를 들어, 신들의 이름, 도시들)를 표시하는 묵음의 추가 기호 또는 지시 기호로 이용되었다. 그러나 예를 들어 'Bank'와 같이 여러 의미를 뜻하는 동음이의어도 한정사를 통해 구별될 수 있다. 한정사를 통해 기호의 의미가 구체적으로 드러난다. 설형문자에서 한정사는 대부분 단어의 처음에 오고, 상형문자에서는 대부분 단어의 끝에 온다.

추천 도서 및 관련 링크

Johannes Bergerhausen: Digitale Keilschrift / Digital Cuneiform. Verlag Hermann Schmidt, 2014.

Johannes Bergerhausen, Siri Poarangan: Decodeunicode: Die Schriftzeichen der Welt. Verlag Hermann Schmidt, 2011.

Maria Carmela Betrò: Heilige Zeichen: 580 Ägyptische Hieroglyphen. Marix Verlag, 2004.

Peter T. Daniels, William Bright: The World's Writing Systems. Oxford University Press, 1996.

Harald Haarmann: Universalgeschichte der Schrift. Campus-Verlag, 1990.

Anja Kootz & Helma Pasch (Hg.): 5000 Jahre Schrift in Afrika: Entstehung, Funktionen, Wechsel. Universitäts- und Stadtbibliothek Köln, 2009.

Martin Kuckenburg: Eine Welt aus Zeichen: Die Geschichte der Schrift. Konrad Theiss Verlag, 2015.

Decodeunicode, Hochschule Mainz: www.decodeunicode.org

International Phonetic Association: www.internationalphoneticassociation.org

Omniglot, Online-Enzyklopädie der Sprachen und Schreibsysteme: www.omniglot.com

Script Encoding Initiative: linguistics.berkeley.edu/sei

Unicode Consortium: www.unicode.org

Hochschule Mainz, ANRT Nancy & SEI Berkeley: www.worldswritingsystems.org. Von dort aus gelangt man bei jedem Schriftsystem zum englischen Wikipedia-Eintrag.

작가 소개

비탈리 콘스탄티노프는 1963년 구 소련의 오데사에서 태어나 독일에서 프리랜서 화가, 삽화가, 만화가로 활동하고 있다. 1999년부터 독일 및 세계적인 출판사에서 어린이와 어른을 위한 픽션과 논픽션 분야의 책을 만들고 있다. 독일의 여러 미술대학에서 일러스트, 만화, 회화 강사로 활동했을 뿐 아니라, 2017년 레바논 베이루트에 있는 레바논 아메리칸대학교에서 시각적 내러티브 분야의 객원 교수로 일했다. 국내외에서 일러스트와 만화를 위한 여름 강좌와 워크숍을 진행하고 있다. 그의 작품은 35개 나라에서 출판되었으며, 수많은 상과 국제 일러스트 전시회에서 초대를 받았다.

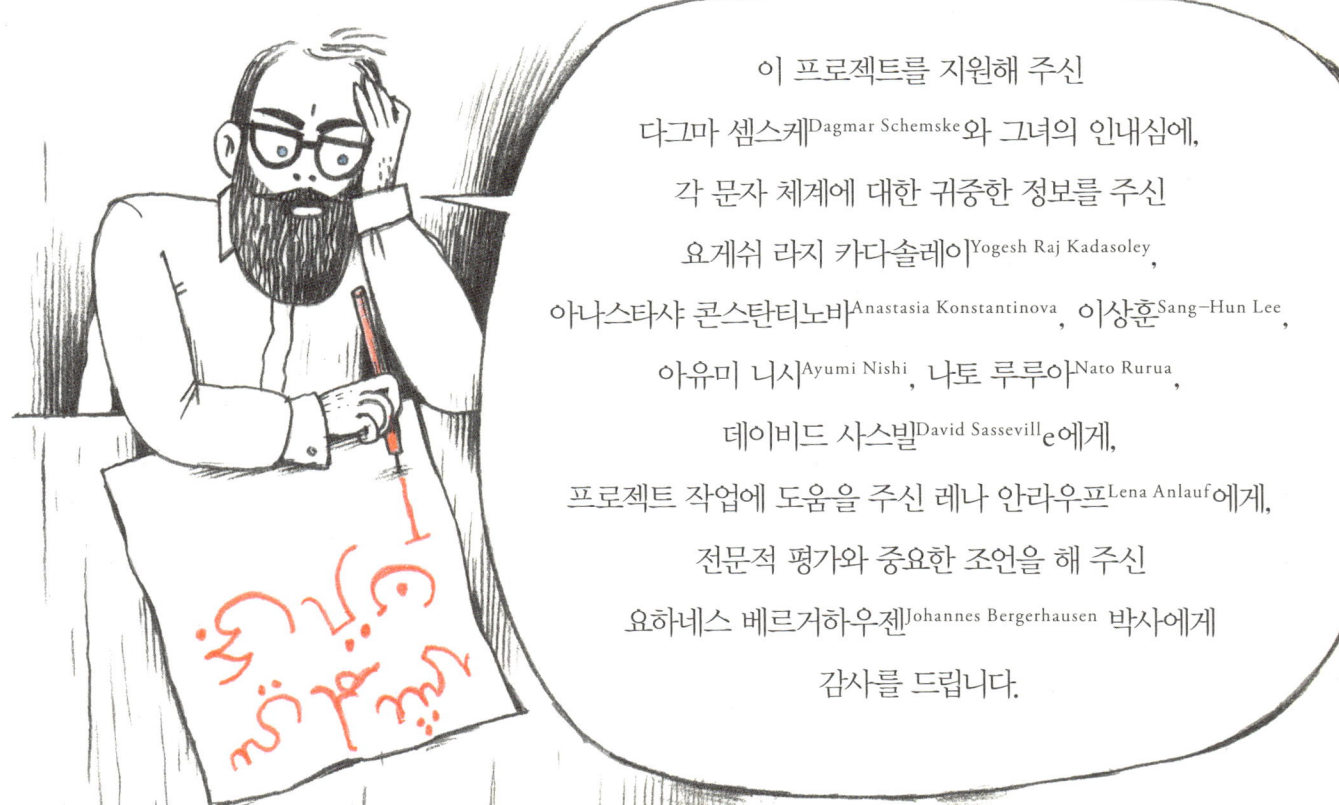

이 프로젝트를 지원해 주신 다그마 셈스케Dagmar Schemske와 그녀의 인내심에, 각 문자 체계에 대한 귀중한 정보를 주신 요게쉬 라지 카다솔레이Yogesh Raj Kadasoley, 아나스타샤 콘스탄티노바Anastasia Konstantinova, 이상훈Sang-Hun Lee, 아유미 니시Ayumi Nishi, 나토 루루아Nato Rurua, 데이비드 사스빌David Sassevill e에게, 프로젝트 작업에 도움을 주신 레나 안라우프Lena Anlauf에게, 전문적 평가와 중요한 조언을 해 주신 요하네스 베르거하우젠Johannes Bergerhausen 박사에게 감사를 드립니다.